思想政治教育
与创业教育协同育人研究

Research on the Cooperative Education of Ideological and Political Education and Entrepreneurship Education

温雷雷　著

北　京
冶 金 工 业 出 版 社
2023

内 容 提 要

本书以思想政治与创业教育协同育人为核心，探索了建立“双向建构”的关系体系与发展路径，结合大学生创业案例，进一步阐明了“双向建构”的可能性、指导性和实效性。

本书共分十章，从思想政治教育与创业教育概述、相互关系、研究现状、背景调查、相关理论等入手，进行了创业实践的法律分析，阐述了高校思想政治教育与创业教育生态协同育人的关系，以及高校“双创”教育融入思想政治课耦合机制的研究等内容。

本书适合高等院校以及科研院所的相关人员阅读、参考。

图书在版编目(CIP)数据

思想政治教育与创业教育协同育人研究/温雷雷著. —北京：冶金工业出版社，2022.5（2023.11 重印）

ISBN 978-7-5024-9204-5

Ⅰ.①思… Ⅱ.①温… Ⅲ.①高等学校—思想政治教育—研究—中国②高等学校—创造教育—研究—中国 Ⅳ.①G641 ②G647.38

中国版本图书馆 CIP 数据核字(2022)第 117952 号

思想政治教育与创业教育协同育人研究

出版发行	冶金工业出版社	**电　　话**	(010)64027926
地　　址	北京市东城区嵩祝院北巷 39 号	**邮　　编**	100009
网　　址	www.mip1953.com	**电子信箱**	service@mip1953.com

责任编辑　姜晓辉　美术编辑　彭子赫　版式设计　郑小利

责任校对　窦　唯　责任印制　窦　唯

北京建宏印刷有限公司印刷

2022 年 5 月第 1 版，2023 年 11 月第 2 次印刷

710mm×1000mm　1/16；8 印张；156 千字；120 页

定价 60.00 元

投稿电话　(010)64027932　投稿信箱　tougao@cnmip.com.cn

营销中心电话　(010)64044283

冶金工业出版社天猫旗舰店　yjgycbs.tmall.com

（本书如有印装质量问题，本社营销中心负责退换）

前　言

习近平总书记在全国高校思想政治工作会议上强调：要坚持把立德树人作为中心环节，把思想政治工作贯穿教育教学全过程，实现全程育人、全方位育人，努力开创我国高等教育事业发展新局面（2016年12月7日，习近平出席全国高校思想政治工作会议时发表的重要讲话）。贯彻这一指示精神的实质就是要做到从“思政课程”到“课程思政”的教育教学模式转变。新时代高校深化创业教育，就是要强调将思政教育融入到创业教育，构建“全程育人、全方位育人”的协同教育机制。这不仅是落实党的十九大和国务院关于创新创业人才培养的重要部署，也为国家实施创新驱动发展战略、打造“双创”升级版提供强有力的支撑。因此，如何构建新时代高校思政教育融入创业教育的协同育人机制，如何搭建情境适配思政融入创业教育是亟须解决的理论和实践问题。

当前，我国经济已由高速增长阶段转向高质量发展阶段，对推动大众创业、万众创新提出了新的更高要求。创业教育的实质是发展教育、创新教育、素质教育和终身教育，是促进人的全面发展和社会发展，本质上就是人才素质的培养。高校通过创业教育深化人才培养模式改革，完善人才发展机制，实现从注重知识传授向重视培养能力和素质转变，不断培养支撑学生终身发展所需的关键能力、合作能力、创新能力、创业能力等，不仅是培养适应岗位工作的劳动者和创造者的需要，也是提供新产业紧缺的高素质技术技能人才的需要。首先，高校思想政治教育课程作为一门必修课，是扎牢意识形态领域和思想教育领域“篱笆”的重要抓手和有力手段，而通过充分挖掘创业教育中思政元素并加以运用，将思政教育摆在突出位置，既能丰富创业教育的理论内涵，又凸显“立德树人”的育人理念，为思政教育和创业教育的协同发展提供理论依据。其次，充分发挥思政教育对创业教育的价值引领作用。思想政治教育对创业教育有着规划发展方向、整合价值诉求、优化运行机制的作用，通过课堂载体的渗透、实践情境的体验、网络媒介的补充，在激励机制、认同机制、制约机制的推动下，实现对创业教育的价值引领。最后，提供思政视域下创业人才培养质量新模式。将思政理念贯彻融入创业教育，构建具有高校特色的“思政+创业”教育人才培养新模式，培养更强的创新创业能力和跨界整合能力，以适应新时代对多样化、个性化、高素质创业人才的需要，推动高校创新创业教育人才培养的转型升级。因此，本书的研究对构建思政教育与创业教育协同育人机制，对创业教育与思政教育内在耦合机制的实践探索，对大学生素质教育和能力提升都具有重要的指导意义。

本书以思想政治教育与创业教育协同育人为核心，从二者共生互促、耦合发展的角度，探索建立思想政治教育与创业教育“双向建构”的关系体系与发展路径，获取可持续的人才孵化驱动力。本书结合新时代对高校思想政治教育的新要求，通过对构建创业教育与思想政治教育相融合的理论与实证研究，探索思想政治教育与创业教育相融合的协同育人路径，在理论上对两者的内在关系和机理进行深入剖析和重构，通过实证分析完善和优化目前的研究成果。本书还拓宽了现有思想政治教育与创业教育融合的研究边界和理论阐释，为思政创业理论提供实证依据和理论厚度，也为高校人才培养与创业教育提供路径的可行性、操作的落地性和效能的转化性，构建起“全程育人、全方位育人”的协同教育机制。

古语云：“明者因时而变，知者随事而制。”高校思想政治教育与创业教育的融合是新时代教育的优化整合路径之一，如何获取可持续的人才孵化驱动力是本书研究的核心问题，也是新时代高校人才培养、思想政治教育和创业教育改革的重要课题。本书以高校教育管理者、思政教育和创业教育研究者为主要读者对象，为高校思政教育和创业教育管理者的教育决策提供借鉴，为高校思政教育和创业教育研究者提供启迪，也为加快构建高校创业教育新生态，实现我国高校创业教育高质量发展尽一份微薄之力。

《思想政治教育与创业教育协同育人研究》一书是我负责的浙江省哲学社会科学规划“高校思想政治工作”专项课题“新时代高校思政教育融入创业教育协同育人机制构建研究”（20GXSZ26YB）、浙江省软科学研究计划项目“‘双创’视域下浙江省城乡融合竞争力指数构建：指标、模型、可视化决策”（2021C35059）、教育部行业职业教育教学指导委员会职业教育改革创新课题“创新创业教育融入思政内容的机制、路径、方法实践研究”（HBKC215020）和浙江经济职业技术学院科研团队项目“返乡创客赋能特色小镇共同富裕研究”（JKY2021010）的阶段性研究成果，也是我在读菲律宾国父大学（Jose Rizal University）教育学专业的博士学位论文修改后的成果。

创业教育是当前高校教育发展的一个新兴领域。对于本研究更多的是结合自身的工作经历、实践经验和研究成果，从新时代对高校思政教育和创业教育的新要求、分析存在的不足等问题，构建了思政教育与创业教育协同育人机制理论研究、机制研究、路经研究。而这研究主要得益于本人多年来从事大学生管理教育与创业教育工作的实践探索，并逐渐从学生管理和创业教育的实践管理者向思政教育和创业教育的理论研究者转型。本书在写作过程中得到了浙江经济职业技术学院副院长姜宇国教授的指导，研究成果也凝聚了吉利等同志的智慧和心血。

在研究和写作过程中，由于本人的认知水平和知识结构的局限，书中还有许多疏漏和不完善之处，真诚欢迎读者批评指正，以便我在未来的研究中加以改进和提高。

温雷雷

2022 年 2 月 18 日于杭州

目　　录

第一章　思想政治教育与创业教育概述

第一节　思想政治教育与创业教育的重要意义

一、思想政治教育的重要意义

古典马克思主义作家关于思想政治教育的论述很多，思想政治教育的意义是其相关论述的逻辑起点。马克思、恩格斯认为，任何一个社会的任何一个历史时期，都有顺应这个时期的主流意识形态，而这种意识形态就是统治阶级的思想，或者说起码是以那个阶级的思想为主导的。统治阶级不但通过占有物质生产资料来实行经济统治，而且还通过国家机器和暴力手段来维持自己的政治统治。最重要的是运用思想启蒙、道德约束、宗教控制等思想手段来实现自己的思想统治。列宁强调了对工人群众这一群体进行无产阶级的思想政治教育，特别是进行马克思主义理论教育，是非常有必要，也是非常重要的。列宁和斯大林更是强调了加强党的宣传和政治教育工作的重要性。斯大林还特意阐述了从高度规律性的角度对党和理论武装的成员和干部进行教育。

在阶级社会的人类历史长河中，思想政治教育从未停歇。像早期古希腊的斯巴达式教育，一直到现在的美国精神教育；像中国古代孔子开始的“礼仁中庸”教育，到后来孙中山的“三民主义”和“军政训政宪政”教育等。尽管它们在每个阶段都起了关键的思想教育作用，但它们的政治取向、教育思想和本质内涵却有着很大的区别。吉林大学博士生导师陈炳功教授指出，马克思主义思想政治教育是人类思想政治教育发展的新阶段，是以政治思想教育为核心与重点，思想教育、道德教育和心理教育共同推进的综合教育实践。

习近平总书记为我们描绘出实现中华民族伟大复兴的中国梦的蓝图，但要实现这一美好蓝图，必须要有具备良好国民素质的人民来支撑，可现实条件离要求还有一定的差距。所以，从这一点上说，加强思想政治教育具有非常重要的现实意义。

一是加强思想政治教育，能帮助提高国民政治素质，促进实现中华民族伟大复兴的中国梦。认清思想政治教育的核心和重点是政治思想教育，这就能让受教育者在接受了政治理论和政治价值观的熏陶和洗礼后，建立相应的政治信仰。现今社会，竞争机制激化了人们的利益与心理之间的矛盾。西方社会思潮又引起了许多人的思维混乱和迷茫。特别是西方国家在意识形态方面进行的无形渗透，诱使一些人生活腐化堕落、道德败坏，甚至产生犯罪行为。所有这些环境因素的变化必然促使思想政治教育要与时俱进，要有针对性，要以更高的要求来提高其有效性。因此，需要强化政治思想教育在思想政治教育中的核心地位，引导国民坚定马克思主义信仰和中国特色社会主义信念，确保党对一切工作的领导，从而保证经济和其他工作的社会主义本质和方向不动摇，并通过坚定执行党的路线、方针、政策，确保其都能落实到位，为实现中华民族伟大复兴的中国梦保驾护航。

二是加强思想政治教育，能帮助提高国民的思想品德综合素质和心理素养，促进完善社会治理体系的健全和进一步推动和谐社会的发展。思想品德综合素质及心理素养与当前受教育者水平之间是否匹配，是思想政治教育急需解决的问题，也是社会发展所面临的关键问题，当然更是德治要思考化解的主要矛盾。其实，作为社会治理的两种重要手段，德治和法治应该并重，相得益彰。德治是法治的前提和基础，法治是德治的保障和支撑。如今，犯罪低龄化日渐增多，子女不孝敬父母，不文明言行、网络暴力充斥媒体等现象层出不穷，这些无视德治产生的消极后果本应通过德治规范加以约束，现却演变成法律制约。固然，构建法制社会是当前的形势所向。不断强化法治，完善律法，消除犯罪，减少社会戾气的同时，还要加强德治，多多发挥德治的教化、启蒙、引导和规范功效，最终起到扬善作用。而思想政治教育则是德治滋养的最好方式，只有把社会发展的内在要求内化到人的思想品德综合素质和心理素养中，才能真正提高人的发展，提高整个社会的国民素质，达到以不断健全的社会治理体系推动和谐社会不断发展的目的。

三是加强思想政治教育，能帮助培养输送新时代所需的高素质人才，助力全面推进中国特色社会主义伟大事业。人的全方位发展离不开全方位的教育，而思想政治教育不仅是全方位教育的重要组成部分，也是全方位教育发展的基本保障和有力支持。思想政治教育是有目的、有计划、有组织的综合性教育活动，它不仅包括政治思想教育，还包括哲学、法学思想、经济思想等综合性思想教育，更包括道德素质教育和心理素质教育。因此，在为我国新时期高质量全面发展培养和造就高素质人才过程中，思想政治教育作为一项不断健全人格和完善人格的综合性教育实践，起着举足轻重的作用。要以加强马克思列宁主义、毛泽东思想和中国特色社会主义理论教育为保障，坚决执行党的路线、方针和政策，并以此来树立、培育、开拓新时期社会主义现代化建设所需要的新观念、新思想和新精神，通过思想创新，建立强大的思想武器，从而有力推进中国特色社会主义伟大事业的全面发展。

党的十八大以来，习近平总书记关于思想政治教育发表了一系列重要讲话，系统回答了通过思想政治教育“培养什么人、怎样培养人、为谁培养人”这些思政教育的根本问题，深入探讨思想政治教育的目的论、方法论、价值论，形成坚持党的全面领导、坚持立德树人根本任务、坚持构建马克思主义学科体系、坚持贯穿人才培养体系、坚持思政教育规律、坚持“八个统一”原则、坚持依靠思政教师、坚持增强“四个自信”、坚持扎根中国大地等“九个坚持”的新时代思政教育理论体系。习近平总书记关于教育的这些重要论述不仅仅丰富了教育的内涵，最重要的是在思想政治教育领域有了深层次的创新发展，这为新时代学校思想政治教育工作提供了根本遵循和行动指南。

第一，思想政治教育能有效提高学生的思想道德素质。新时代高校正处于深化教育改革的阶段，将学生培养成为德智体美劳全面发展的社会主义建设者和接班人是我国教育事业发展的终极目标。而良好的思想政治教育可以鼓励学生自觉加强自身与道德素质和专业文化知识的融合，将两者有效结合，能全面提升学生的综合素质，为辅助他们成为合格接班人和综合型人才打下良好基础。

第二，思想政治教育能引导学生树立正确的人生观、价值观和世界观。加强思想政治教育，就是要以社会主义为指导思想，以爱国主义和集体主义为根本内容，渗透在学生的日常行为规范教育、正能量活动的开展和讲课讲座、新闻宣讲等方方面面的工作中，从而使学生在潜移默化中树立起正确的人生目标，帮助他们把握好成长道路的正确方向。

第三，思想政治教育能有力促进学生全面的人格修养。马克思关于人的全面发展理论强调，人格发展需要以人的依赖为基础的“人格依赖”，以客体依赖为基础的“独立人格”，以及人格全面发展的“义”。学生学会做人，这是学生未来社会地位的基础，具有长远的意义。而思想政治教育，恰巧是帮助学生进行自我人格教育的重要教育手段，它可以帮助学生明确人不能只关心自己，还要学会关心他人、关心集体、关心社会，这对于人的自我发展是至关重要的，所以从这个意义上说，对学生品德人格和道德品质的培养比对他们的谋生手段、竞争文化和专业知识的学习更加重要、更加根本，也更加困难。

第四，新时代的思想政治教育，以坚持立德树人为根本任务，以培养拥护中国共产党领导和我国社会主义制度的有用人才为目标，培养出立志为中国特色社会主义事业奋斗终身的“德、智、体、美、劳”全面发展的社会主义事业建设者和接班人。为此，思想政治教育要充分挖掘中国特色社会主义道路自信、理论自信、制度自信、文化自信的有力素材和资源，让思想政治教育变得更富有时代特色，更能对症下药，更具有实际效果。

当然，研究和传播马克思主义仍然是新时代思想政治教育的重要使命，同时，推进马克思主义中国化，发展新世纪马克思主义和现代中国马克思主义更是新时代思想政治教育不可推卸的时代重任。为党育人、为国育才是新时代学校思想政治教育的鲜明价值导向，因此，必须运用思想政治教育体系的规律，坚持把思想政治教育贯穿于人才培养体系中。

二、创业教育的重要意义

（一）缓解学生就业压力

当今时代，因为国家对高校扩大招生规模政策有了新的变动指向，普通高校招生人数因此不断增加，这有力地保障了高素质人才的培养，但同时每年涌现大批毕业生，给高校人才就业市场带来了巨大冲击和压力。据最新数据，2022 年预计高校毕业生人数达到 1076 万人。面对这样庞大的毕业生基数，据教育部相关统计，从新世纪开始，全国高校毕业生平均就业率只有 90%。因此，提前进行创业教育，为大学毕业生提供就业指导，能帮助他们更好地承受、适应就业压力。

（二）提高学生就业竞争力

加强创业教育，大力培养能应对当前严峻就业形势的具有创新思维、综合素质、创业能力的人才，是提高学生就业竞争力的必经之路。因此，这样的教育需要建立专门的课程体系，培养学生的各类相关技能和知识，包括专业技能、社交技能、承受能力和有关的管理知识等。从实践意义上讲，这不仅是让学生找到自己的道路，更要让他们自己创业，为他们自己提供就业机会，最为重要的是能将课堂上的创业知识通过实践进行充分地吸收转化，从而让自己拥有具有真正竞争力的创业能力，最终推动整个社会创新创业的发展。高校是大学生就业前创新创业最好的平台，如果学生在校能有效利用便利的硬件资源，接受相应的系统指导，就能让学生在学习好专业课程的基础上，具备探索未知领域的基本条件。这对于大幅增强学生的社会竞争力，提高学生适应社会的自信心具有重要作用，而且，这部分核心能力也能成为学生个人成长成才所需综合素质的一部分，为此，加强创业教育符合学生成长规律。

（三）推动创新型国家建设

民族振兴、国家富强，离不开创新。新世纪下，国力的强弱取决于创新能力的强弱和人力资源的储备。也就是说，科学储备是否丰富，知识经济是否强大，归结到最后就是科技力和教育力是否足够强的问题。当然，最后就看各国在优秀人才培养上是否具有绝对的竞争力。对此，高校作为人才培养基地，承担起为国家培养创新人才是责无旁贷的。在这个过程中，创业教育起着至关重要的作用，而要想培养出高质量的创新人才，就必须要构建科学的创业教育体系。唯有如此，才能使高校成为重要的人才培养基地，才能为国家创新体系输送众多创新人才。而这一切都必须要有强大的科研能力作为基础支撑，它是创新的基础。正如习近平总书记所强调的要把创新创业教育融入人才培养全过程，加快高等教育内涵式发展，全面提升人才培养质量，由此不断提升教育服务国家发展能力，即让创业教育更好地发挥对经济社会发展的推动作用。

(四) 促进高等教育综合改革

新时代的高等教育体系要求高校建设必须转变观念，与时俱进，新工科发展的规划布局、三全育人体系的构建、课程思政建设都是高等教育质量提升的重要举措。其中，也包括了对高校创新创业教育的具体要求。在双创背景下，高校对创新创业教育的重视程度越来越高，众创空间、创客空间等基地如雨后春笋建成，创业学院等培训体系逐步健全，创新创业沙龙、竞赛等活动水平也越来越高。这些举措的落地，推进了高校创新创业教育的发展，也成为高等教育综合改革的重要原动力，因此搭建科学、有效的创新创业平台是高等教育发展的必然选择和客观需求。

三、思想政治教育与创业教育的关系

(一) 思想政治教育指明创业教育的方向，也是创业教育的核心组成部分

我国创业教育起步较晚，持续时间不长，尚处于初步探索阶段，在其发展过程中存在着不成熟和不完善之处。与国外大学其他学科相比，它在形式和内容上也都应有自己的风格。面对高校毕业生就业压力大的局面，虽然高校已将创业教育纳入学校教育的一部分，但存在过分强调创业技能、忽视职业道德和创业价值观的现象，使创业教育更多时候流于形式，造成了急功近利的后果。而我国思想政治教育经过长期实践，具有较为成熟的发展模式，为确保创业培训指明了正确的发展方向，高校思想政治教育可以对创业培训进行严格、科学的把控，引导学生形成创业价值观和正确的职业前景，提高他们的创业能力、创业精神、创业道德和创业质量。此外，传统的教育模式重视培养学生通过考试的能力，使得很多学生理论知识强，可创新创业意识不强，实践能力又相对较弱。要改变这一局面，最好的办法就是以创业教育为先导，交汇融入思想政治教育。客观地说，创业教育非常需要思想政治教育，只有从思想深处引导学生树立进步、团结、合作的优秀品质，才能帮助学生提高目标感、竞争意识、生存能力和创造力，规范创业行为。

(二) 创业教育为思想政治教育提供了新的视角，可以切实提高思想政治教育的实施效果

市场经济的发展和教育改革的推进，使高校思想政治教育形势变得纷繁复杂。随着社会经济成分、利益关系和就业模式的多样化，学生的思想观念也发生了很大的转变，价值取向不再单一，其合理化需求变得更为迫切。与此同时，思

想政治教育却相对出现了一些短板，如教学内容、教学方法的落后，使得无法达到预期的教育效果。创业教育与社会、市场、学生的现实生活有着密切的联系，它能帮助学生培养创业精神，树立意识，锻炼创业能力，增强创业素养，使学生不断进步，为未来顺利地适应社会环境做好准备。此外，创业教育具有很强的实践性，弥补了思想政治教育和发展方式重理论轻实践的不足。如果能够实现两者的融合，就可以在很大程度上弱化思想政治教育中重灌输、片面说教的局面，提高思想教育与政策的亲和力和有效性。

第二节 思想政治教育与创业教育的相关概念

思想政治教育是社会或社会团体利用一定的思想观念、政治观点和道德规范，对其成员施加有目的的、有计划的、有组织的影响，使他们形成符合一定社会或一定阶级所需要的思想品德的社会实践活动，它也是中国文学当中一门的终身学习课程。思想政治教育是一个对受教育者实施思想灌输和引领，使其形成正确认知、激发内在情感、确立正向价值、指导实践运行的过程，在学校的思想政治教育中，作为教育的实施主体，教师的作用尤其重要，通过积极引导，让学生实现明理、悟道、笃行层级式的跃迁，帮助学生解决思想困惑，让他们不再是停留在认知阶段，而是从心底深处自发认同，并能据此做出强有力的反应行动，实现最终目标。很明显，思想政治教育的目的就在于把握好认知、情感、意图、行为 4 个方面，指导学生通过知识学习、品行培养、意志磨炼、实践行动将所学理论知识转化为为人处事的智慧，继而促成提高人的道德品质。

狭义上的创业教育则是一种教育活动，它是培养人的创业意识、创业思维、创业技能等各项创业综合素质，并最终使被教育者具有一定的创业能力的教育。其目的是使受教育者能够在社会经济、文化和政治领域引领行为创新，开辟或拓展新的发展空间，为他人和社会提供基于探索行为的教育活动。我国高校创业教育的目的就是培养学生形成创业所必需的领导力、全球化的眼光、敏锐的市场意识、务实踏实的作风、锲而不舍的精神、组织运作能力和为人处事的技巧等。当然，归根结底是要培养德智体美劳全面发展的社会主义建设者和接班人。

广义上的创业教育是指个人创业的文化。它对雇员而言十分重要，因为雇主在挑选雇员时，对他们的主动性、积极性、创业精神和独立工作的能力越来越看重。另外，还包括雇员的个人专业技术能力、社交能力以及管理技能，甚至是领导能力。狭义上的创业教育则是一种教育活动，它能够推动学习者在经济、文化和政治等社会各个领域引领行为创新，为他人和社会带来新的发展思路，发展空间，成为发展指向标，本质上就是一种探索性的教育行为活动。这种教育主要培养方向在于培养个人的创业意识、创业思维和创新能力，附加创业技能和其他综合创业素质。落到我国高校创业教育来说，其目标就是培养学生的领导力、全球化视野、敏锐的市场意识、务实肯干的工作作风，还有教育学生要具有坚韧不拔的精神，一定的组织经营能力和与人打交道的能力等，这些都是培养企业家精神所必需的。这也是为中国现代化培养德智体美劳全面发展的素质过硬的复合型人才。

另外，创业教育的定义因为创业教育的类型变化有了更为丰富的内涵。宽泛地来说，有面向全体学生的创业教育，也有面向有创业潜质和创业意愿的学生开设的有针对性的创业教育，还有对创业者的继续教育或对毕业生中创业者动态跟踪支持的终身教育。为此，针对第一种类型创业教育更侧重于创业态度、创业知识和技能的所有教育教学内容、方法和过程；针对第二种、第三种类型的创业教育则侧重于传授关于创建和领导企业的思想方法和知识技能。

第三节　思想政治教育和创业教育的发展阶段

一、思想政治教育的发展阶段

适应“人的依赖”阶段的思想政治教育，注定要培养“广义上的人”而不是“个性化的人”。它着眼于“社会共性”，培养不仅具有强壮的体格和天生的生产力，而且具有驯服、坚忍、奉献、消除破坏和叛逆的整体人格，建立起具有普世意义的社会整体价值。从个体到集体，消除了以自我、自由、自觉、自尊和自主为特征的个体人格。这一阶段教育的传播途径主要以长辈对年少者的言传身教、身先示范为主，还有人与人之间的口口相传。在奴隶社会和封建社会时期的思想政治教育，就是赤裸裸的奴隶制和封建制下的等级教育，要求奴隶对奴隶主、农民对封建主要绝对遵从。教育个人服从当权者或当权政府的权威意志，尊重等级秩序，尊重强权政治下的社会规范，并将其作为人人都应该执行遵守的道德法则。总之，“人的依赖”阶段，思想政治教育的基本取向是整体服从，其功能是让个人对社会产生绝对不可逆的依赖。

适应“物的依赖”阶段的思想政治教育开始从某种整体性思维向个体性思维转变，并逐渐开始对某种整体主义的反思甚至反叛，推动了教育观念和教育方式的变革。

随着科技进步和劳动生产率的提高，人们改造自然的能力日渐增强，开始有剩余时间和资本来拓展人际关系、培养各种能力和满足自身需要。马克思称其为“物的依赖”阶段。资本主义就是这一阶段的典型形态。在这一阶段，人们不再因为血缘、地缘，还有等级社会下的制度体制，使彼此依附捆绑程度慢慢减弱，开始需求各自独立生活。面对此种社会现状，思想政治教育开始也越来越倾向于个人人格的自由发展和个性培养，尝试探索各种带有强烈个性化色彩的思想政治教育模式，更看重思想政治教育作为一种“软实力”和“软权力”对人所产生的润物细无声般的精神润养作用。

适应“自由个性”阶段的思想政治教育日益强调为人的自我建设服务的坚定品格，深入到人的精神家园，致力于人的个性塑造，并进一步敦促个性的自由全面发展。当物质财富不断积累和丰富，人们被物的方面的羁绊越来越少时，个性发展的自由度大大扩展，即个人不再为劳作所累，不再被阶级和分工所限，也不再有经济地位和社会地位的差别，个人就有充分的时间和空间获得多方面的发展，当这种发展达到一定广度和深度时，就是“自由个性”到来之时。“自由个性”是马克思遵循社会发展的演进规律对人的未来理想发展状态的预设和“写真”，是马克思的最高价值理想和终极关怀目标。

随着社会历史从“人的依赖”阶段、“物的依赖”阶段到“自由个性”阶段，人的发展经历了从个性的掩盖和个性的出现到开始自由自觉发展的理想发展，思想政治教育也要求从忽视个性、重视个性到实现和推进人的自由个性转变。但不管在哪个阶段，总是需要一定的思想道德标准和规范，思想政治教育一直都是存在的。

二、创业教育的发展阶段

我国创业教育的发展历程大致可以划分为两个阶段。

（一）萌芽和起步阶段（第一阶段：1997 年至 2001 年）

1997 年，清华大学首次举办“清华大学创业计划大赛”活动，中国大学创业教育由此拉开了序幕。随后，很多高校都自发性地对创业教育进行了一系列有益的探索，也取得了一定的进展，成效凸显。例如，华东师范大学在探索中尝试开设了创业教育课程；武汉大学实施了创造、创新、创业教育，即“三创”教育等。这些行动举措为提升我国高校的教学质量，培育创业型人才开了先河。同样，这些探索更是为我国高校的创业教育积累了许多宝贵经验。

（二）高速发展阶段（第二阶段：2002 年至今）

2002 年 4 月 23 日，在北京航空航天大学举办了创业教育试点工作座谈会，会上教育部下达了由中国人民大学等 9 所高校在全国率先开展创业教育的试点工作的任务。在综合吸纳了这几所创业教育试点学校的突出成果后，我国在创业教育高速发展时期成功培育出三种主要模式，即综合模式、“以课堂为主导”模式、培训模式。

相较于外国，我国的创业教育起步较晚。像美国的创业教育，其发展的时间已横跨两个世纪，已有一百多年的历史，且经历了萌芽、起步、高速发展和成熟四个阶段，至今其创业教育发展模式已相当成熟。对比之下，我国的创业教育却仅仅只有二十多年的历史，而且更多的只是局限于高校少数人的“创业活动”。为此，我国除了借鉴创业教育发展的成功模式及经验教训外，结合我国目前的发展实践现状，构建具有中国特色的大学生创业教育模式，培养大批高素质的创业型复合人才是今后很长一段时间需要思考和深入研究的问题。

第四节　思想政治教育与创业教育的主要内容

一、思想政治教育的主要内容

思想政治教育的主要内容包括思想教育、政治教育、道德教育、法纪教育和心理教育 5 个要素，它们在思想政治教育内容体系和结构关系中具有各自不同的地位和作用。

（一）思想教育

思想教育主要是进行世界观和方法论的教育。它一方面解决了主体性与客观性的契合问题；另一方面解决了主体性与客观性如何契合的问题，为人们提供了根本的思维方法和强大的思想武器来认识和改造世界。思想教育在 5 个要素中发挥着先导作用，它是思想政治教育的根本问题，为其他要素的发展创造了必要的前提条件。

（二）政治教育

政治教育是阶级社会按照既定的政治理念和政治规则，对被动教育者施加影响，以帮助受教育者树立正确的政治立场、政治主张、政治信仰和政治态度的教育行动。在 5 个要素中，政治教育起着核心指导作用，它明确了思想政治教育的指向及根本性质，并对思想政治教育的其他内容产生影响和制约，且贯穿在思想政治教育的全过程，指引着思想政治教育的发展不偏离正确方向。

（三）道德教育

道德教育的主要内容是教导人们养成符合伦理道德规范的行为规则，并内化成普世应该遵守的道德观念和道德判断力，从而提升人们的道德素质，使其成为拥有良好品质，且只愿意实施道德行为的“良善之人”“正义之士”。道德教育是思想政治教育的重点。通过认知能力的提高，道德规范也将进一步内化为道德行为，形成良好的品德修养和意志品质。

（四）法纪教育

法纪教育主要是对受教育者进行社会主义法制和纪律的教育，培养他们具有正确的法律观念和遵纪守法的自觉性，帮助受教育者学会运用法律武器来维护自己的合法权益。法纪教育是思想政治教育的保障，对引导学生依法依规地协调和规范自己的行为具有重要的作用。

（五）心理教育

心理教育主要是对受教育者进行心理健康方面的教育，以便提高受教育者的心理素质。心理教育是思想政治教育的基础，通过培养人们良好的心理素质，助力他们形成健全又健康的人格，能够承受工作、学习、生活等各方面带来的心理压力，从而能有坚强的意志品质去面对激烈的竞争。

二、创业教育的主要内容

创业教育的内容主要包括对于学生在这一方面创业意识的培养，以及学生在这一方面能力的提升，由此来提高学生的综合素质和能力，最终激发学生的创业热情和创业意识，使其成为创业的动力，并落实到实践活动中。其内容的确定主要是根据创业教育的培养目标而进行，随着社会的演进和政策的不断变化，教育的相关内容会根据现状发生一定的变化。但不管怎样，其本质就是培养学生的综合素质和能力。具体包括以下几个方面。

（一）创业意识的培养

创业意识是指人们为启动创业行为做好了充分的思想准备，储备了必须的创业知识和与之匹配的创业能力，包括修炼好应具备的创业素质，并有强烈的意愿将这些作为创业动力并付诸行动，以及达到创业需求水平的个人素质和能力、愿意将其作为创业动机，并投入创业实践的心理倾向准备。思路决定出路。只有有了创业的意识，才能有创业的行为。

因此，帮助学生树立坚定的创业意识是创业教育最根本的任务。思想意识正确，才能有正确的指导方向，才能开展正确的行动。基础知识的学习固然重要，但知识的实际运用同样不能忽视，发挥主观能动性，实现知行合一才是正道，这两个方面都要下功夫抓实抓细，只有有意识的全方位的提高自身的综合素质，有目的培养自己的社交能力、承受能力，规划好创业的整体前景，才有成功的可能性。从这个层面上来说，对大学生创业意识的大力培养正是学校进行创业教育的关键。

（二）创业知识的普及

创业知识的范围和内容广泛，只有汲取足够的创业知识，才能有转化为创业能力的底气。“书到用时方恨少”。平时不努力学习，不从书本上获取必须的理论知识，何谈创业。当然，仅仅只通过课堂读书进行“纸上谈兵”，这样的创业知识来得太过于肤浅，更重要的是要投入实践，从社会实践这本“大书”上获取课堂之外的创业知识，普及到更多有用的更为丰富，更有实际意义的创业知识。助推创业活动顺利开展，为创业成功打下扎实基础。只有在做好必要的创业知识储备后，才能开展后续的创业准备，比如市场调研和需求分析等，这些都需要创业知识的辅助指导，不可或缺。

（三）创业素质的提高

一个人拥有良好的素质，会对他一生的成就发挥出不可估量的作用。积极正能的思想品质、优秀美好的道德素养、健全愉悦的身心素质，是启动创业活动的必备条件，特别是创业者还应具备敢于创新的胆略、敢于展现自我、规避创业风险的特质。所以，创业教育必须要注重提高大学生的素质。优秀的创业素质是创业活动的前提，更是能对创业实践的良性推动产生事半功倍的作用，从而对创业质量的提升产生终极影响。

（四）创业能力的提升

创业能力是创新型人才不可或缺的必要因素，是最核心、最重要和最有价值的创业素质。在创业过程中，会遇到各种各样的问题和难题，这就需要创业者有沉稳的心态，冷静处理问题的决断力，并果断采取既有针对性又能起实效的方法、手段和计谋进行化解，由此化险为夷，度过危机，这种本事和素质即为创业能力。一个人的天性和气质只会对创业能力的形成产生一定的影响，后天持续性的学习和实践才是获得创业能力的主要因素。创业能力主要包括学习和认知能力、适应能力、管理能力、分析能力、决策能力、人际交往能力等与创业直接相关的各种能力。

创业教育的目标就是培养学生的创业意识、创业知识、创业素质和创业能力，从本质上来说，它就是创造“最具革命性的创业时代”的素质教育。而学校创业教育的主要任务，是通过课程教学、专业讲座和实训教学等方式，让学生清楚地认识到当前的就业形势，在真正进入社会前充分了解国家鼓励扶持小企业发展、双创背景下的大学生创业补助扶持等政策法规，使其正确树立就业观念，增强创业意识，提高岗位创业与岗位发展意识，使其接受到这些创业方面的岗前教育，这让学生在学习好创业知识的同时，潜移默化中也得到了创业精神的浸润，在此前提下，挑选出具备创业基本条件的学生，对他们进行更为深入更为具体更为系统的创业理论和创业实务教育，培养和提高他们的创业能力。

三、思想政治教育与创业教育融合

教育目标决定教育内容，教育内容体现教育目标。创业教育主要内容是培养学生如何成长为符合社会需求的创新创业人才，主要包括创业意识、创业观念、创业精神、创业品质、创业知识、创业能力的教育等，其中有很多部分是与思想政治教育内容重叠的，它本质上是一种素质教育和全面发展教育。思想政治教育内容比较宽泛，包含思想教育、理想信念教育、心理健康教育、道德教育等重要内容。大学生创业意识和创业能力的形成、创业品质的养成，以及创新创业实践的顺利开展，都离不开思想政治教育带给他们的良好德行等素养。而大学生在创业教育中所形成的团结精神、互助合作意识等，更有利于大学生提高独立自主性，培养拥有合作精神和竞争精神等优良品质，树立积极向上的人生态度。所以，在教育内容上，两者具有很强的融合贯通性，它们相互渗透，相互促进。虽然现实中二者在内容协同方面尚缺乏有效的规范和要求，导致二者时常处于“单打独斗”的状态，影响着二者的融合。

第二章　思想政治教育与创业教育的相互关系

第一节　思想政治教育对创业教育的指导作用

在“双创”的时代背景下，创业是大学生实现自我价值和履行社会责任的重要途径。而创业是个复杂的过程，需要学校对其事先做好专业的、系统的、充分的培育。在此过程当中，思想政治教育显得尤为重要，思想政治教育有助于磨炼大学生创业的艰苦奋斗精神和百折不屈的品质，从而促进大学生形成科学正确的创业观。

一、思想政治教育在创业教育中的主导作用

当前，思想政治教育在大学生创业教育中未形成系统的主导作用，目前的大学生创业教育在创业意识增强和创业品质培育等方面存在着短板。而一个创业者的思想素质往往会对其创业意识和创业品格的形成有着重要的影响，从而影响其创业状态和创业成败的前景。为此，在大学生创业教育中引入思想政治教育对大学生探索自我价值实现和提升创业素养有着主导的作用。正确运用基于马克思主义世界观、人生观、价值观的大学生思想政治教育贯穿于大学生创业教育的整个过程显得尤为重要。思想政治教育对大学生的创业意识、创新思维、创业人格及创业素质的形成和发展的主导作用主要体现在以下几个方面：一是让大学生创业者有积极创业的思想准备，思想政治教育有助于创业者做好创业心理准备和理性思考，创业前要认真思考、反复评估、考虑成熟后再行动，创业意识强烈并且思想准备充分的创业者将获得更好的发展机会；二是增强创业者敢于创业的勇气，只有创业的思想准备是不够的，还需要创业勇气，只有在正确思想的指引下，才敢于创业、善于创业和成功创业；三是将创业者从充满激情、热血沸腾，回归到平和心态和理性思维，大学生创业的前提必然是充满激情的心态，但也要做好克服种种困难的准备，创业实际是一种职业生涯，是一种事业方式，是一个成长的过程。

二、思想政治教育对创业教育主导作用的表现形式

对于想要创业的大学生来说，一定要有创业的思想准备，这个思想准备并不

是随便想想就可以的，需要接受系统的、全面的思想政治教育，思想政治教育帮助和指导大学生树立正确的职业观和科学的创业观，激发大学生的创业意识和奋斗精神，思想政治教育对创业教育主导作用的具体表现在以下几个方面。

（一）思想政治教育对大学生创业观的形成起着主导作用

人们在创业的时候需要有正确的观念，只有摆正心态，做好充分的准备工作，才不会在漫长的过程中因遇到太多的困扰和阻碍而感到无所适从，也不会因为一时的失意就垂头丧气、一蹶不振。在“大众创业，万众创新”的时代背景下，创业者应该把握好良好的投资形势和环境，但也要充分考虑面临的困难和风险，不能急功近利或盲目地追求利益及速度，否则很容易适得其反。这就需要思想政治教育主导大学生创业观的形成，思想政治教育就是基于正确的马克思主义实践观，教育大学生通过对人的本质属性的认识来引导大学生树立正确的就业观，提高自我认知水平，形成正确的就业创业理念，积极解决创业过程中的实际困难，从而不至于盲目创业，眼高手低，最终达到创业者个人价值的实现和社会价值的统一。

（二）思想政治教育是大学生形成良好的创业意识的重要途径

通过思想政治教育可以培养和提高大学生的认知水平、哲学素养、道德修养、心理素质、家国情怀、回馈社会意识、社会责任意识等，而这些方面是大学生创业必备的创业意识。而思想政治教育促进大学生创业意识的形成主要体现在以下几个方面：一是创业需要，指基于思想政治教育的主导下，创业者提升自我实现价值的要求，对现有经济、个人实现、社会影响等条件的不满足，并由此产生的最新的要求、愿望和意识，是创业实践活动赖以展开的最初诱因和最初动力。但仅有创业需要，不一定有创业行为，需要思想政治教育助力提升个人奋斗精神、破局思想和不屈不挠的努力；二是创业动机，指推动创业者从事创业实践活动的内部动因。思想政治教育促使大学生形成良性的、健康的、积极向上的创业动机，这是一个自我发展、赋予责任的创业动机，其出发点和归宿点就是追求个人价值和社会价值相统一的动机，是竭力追求获得最佳效果和优异成绩的动因；三是创业兴趣，指创业者对从事创业实践活动的情绪和态度的认识指向性。思想政治教育能激活创业者的深厚情感和坚强意志，使创业意识得到进一步的升华；四是创业理想，指创业者对从事创业实践活动的未来奋斗目标较为稳定、持续的向往和追求的心理品质，创业理想属于人生理想的一部分，思想政治教育赋予大学生的职业理想和事业理想，职业理想和事业理想源于职业道德、奉献精神、时代需求、价值评价等综合因素，这些因素的形成离不开正确的思想政治教育和引导。

（三）思想政治教育是大学生形成创业思维的重要源泉

杰夫里·提蒙斯（Jeffry A. Timmons）所著的创业教育领域的经典教科书《创业创造》（*New Venture Creation*）的定义：创业是一种思考、品行素质，杰出才干的行为方式，需要在方法上全盘考虑并拥有和谐的领导能力。创业思维实际上有两层含义：一层是指广义上的艰苦创业精神，人类社会的历史，就是人类艰苦奋斗的创业史，艰苦创业的精神作为一种积极、健康的生活态度，一种思想境界，无论什么时代，都被视为一种精神力量、一种崇高的美德，艰苦创业是中华民族的传统，中华民族向来以特别能吃苦耐劳和勤俭持家、讲究节俭著称于世；另外一层是狭义上的艰苦创业，指一般意义的创办企业、从事一门生意等经济经营活动所具备认知或智力活动。思想政治教育促进大学生形成广义上的创业思维，可以帮助大学生形成系统的、科学的创新创业思维方式，从而引导着大学生创业行为。思想政治教育促使大学生形成良好的创业思维主要体现在以下几个方面。一是客户思维和创新思维。不管是创业者还是就业者，都要具备职业道德。所谓的职业道德，简言之就是两条："一是把一件事完成掉，二是尽力做好"。要把事情做好，做出成绩，都需要服务意识和客户思维导向，同时对存在的问题要寻找新的思路、新的方式和方法才能获得他人和市场的认可，而这些方面都是思想政治教育的重要内容。二是团队思维和系统思维。不管是创业者还是就业者，都需要以有系统化的思维调动多种能力和资源，都需要团队一起来奋斗才能更好的把事情做好。团队思维和系统思维也正切合了思想政治教育所要求的集体主义精神和大局意识。三是逆向思维和整合思维。思想政治教育使大学生认识到：人生不可能一帆风顺，困难和逆境是经常存在的，不管是就业还是创业，遇到困难不要气馁，要在危机中捕捉机会，要有"破局"意识，每一次解决问题的经历都是人生中成长和蜕变的一个节点。同时，要懂得在工作上、生活中去整合各种资源和人脉、产品和服务等。

三、思想政治教育指导大学生创业教育的路径探索

（一）在创业理论教育课堂中以引入思想政治理论为系统指导

大学生思想政治教育是以社会主义、共产主义思想体系教育大学生，启发他们的觉悟，提高他们认识世界和改造世界的能力，动员人们为实现当前和长远的革命目标而奋斗的实践活动。它不仅要解决大学生的政治立场、政治观点、政治行为等问题，还要解决他们的世界观、人生观、价值观问题。在创业理论教育课堂中引入思想政治理论，是将思想政治教育与实际问题相结合，用马克思主义的立场、观点和方法指导大学生就业、创业等实践活动。因为不管是就业还是创业，遇到问题的根源主要在思想层面上，以思想政治理论为系统指导创业教育，

从解决深层次思想问题着手，才能更好地解决实际问题和困难。同时，要在创业教育理论教学中不断地挖掘思想政治教育的资源，这是我们加强大学生创业教育最有生命力、最为有效的途径。

（二）让思想政治教育成为校园创业文化建设的核心元素

在“大众创业、万众创新”的时代背景下，创新创业已经成为大学校园文化的重要组成部分，如何加强大学思想政治教育融入到校园文化建设中去已经成为一个重要的课题，校园创业文化建设应该尽可能地突出艰苦创业、不畏困难、勇于探索、服务社会、责任担当、时代需求、集体主义、团队精神、家国情怀等主题，而思想政治教育是这些校园创业文化建设的核心元素，只有把思想政治教育融入到校园文化建设中去，校园创业文化才具有灵魂和精神，才能发挥校园文化的正能量导向作用，才能营造积极向上的浓厚氛围，才能帮助大学生树立创业意识和思维，提高创业能力。

（三）培育既熟练思想政治教育又精通创业教育的“双师型”师资队伍

思想政治教育旨在引导大学生树立正确的世界观、人生观和价值观，帮助大学生实现自己的社会价值和时代价值，其教育者本身的思想政治教育理论水平和素养是实现其教育目标的基础。在当前社会经济更新迭代、就业形势日趋严峻、国家和社会大力推进“双创”的时代背景下，既熟练思想政治教育又精通创业教育的“双师型”素质既是一名思想政治教育工作者必备的素质，又是一名创业教育工作者必备的素质。高校的思想政治教育工作者宏观上要站在历史时代的高度，把握社会经济发展规律和态势，微观上自身要具有丰富的职业经验和就业、创业知识，要不断地在现象研究、社会活动、教学实践等环节提高自身就业创业的教学和育人能力。高校应当创造条件培育思想政治教育工作者的创业教育素质，全方位地打造既熟练思想政治教育又精通创业教育的“双师型”师资队伍。

第二节 创业教育对思想政治教育的促进作用

在思想政治教育中，如何引导大学生提升职业素养、参与国家建设、服务于社会是个重要的课题。在当前国际形势复杂多变以及我国经济社会处于更新迭代时期，大学生在职业生涯规划方面面临着许多新问题、新情况，仅仅依靠传统的思想政治教育无法解决所有问题，如何引导大学生进行正确的职业生涯规划，如何对大学生进行就业指导和创业指导显得尤为重要。这些课题也为当前大学生思想政治教育指明了方向，需要深化思想政治教育改革，将创业教育作为切入点放在重要位置，从而形成以“自力更生，艰苦创业”为核心思想的广义上创业教育，丰富和健全了思想政治教育的时代性和社会性内涵。

一、创业教育融入高校思想政治教育的必要性

（一）促进学生创业意识的培育和自身价值的实现

高校在为社会培养人才工作中，应重视需要有一个良好的创业氛围，让学生尽早认识到，创业教育不仅仅是指导和帮助大学生如何创业，更重要的是培育大学生“自力更生，艰苦创业”的事业心和责任担当意识。高校需要提升思想政治教育理念，把创业教育有机地融入到思想政治教育中来，促进大学生独立人格、健康心理、责任意识培养，让他们有实践创新的愿望，为今后走进社会形成良好的职业修养、实现自身价值奠定坚实的基础。

（二）助力大学生养成正确的职业观念和适应社会需求的能力

创业教育旨在培养大学生优秀创业品质和能力，这是思想政治教育对大学生职业观念培育的具体要求和重要目标，创业教育的重要内容是促使大学生树立正确创业观，它在大学生思想政治教育教学框架内，结合当前时代特征和社会经济情况，联系大学生的心理状态和成长规律，引导大学生正确认识自我，将职业观念的养成、职业能力的培育、职业生涯的规划与社会需要有机的结合起来。

（三）引导学生职业锻炼和成长成才

创业教育是大学生思想政治教育的一种实践化和社会适应性较强的教学形式，有助于大学生进行科学性和针对性的职业锻炼。现阶段，社会发展加速，社会对专业人才的要求也在不断提升，需要劳动者掌握劳动技能，还要不断提高自身的知识水平。创业教育使大学生思想政治教育对大学生的职业意识、创业思维和创新精神进行培育和锻炼，促进大学生的主观能动性和创造性培养，同时还可以强化大学生的合作精神和责任意识，这对于大学生成长成才也是必要的。

（四）创业教育使思想政治教育具有与时俱进的时代职业元素

创业教育实际上是大学生思想政治教育的育人、育才重要手段。创业教育一方面培养大学生勇于探索、敢于破局的精神理念；另一方面对大学生的创新创业能力和社会实践能力有了系统性的培育，成为思想政治教育的育人、育才的新载体。创业教育将思想政治教育的理论和实践相结合，更加强调大学生的实践锻炼对于职业意识形成、创新创业能力培养具有关键的作用，让大学生在各种社会实践中解决问题、总结经验、思考感悟，提高思想政治教育在大学生育人、育才方面的实效性和针对性。

二、当前高校创业教育和思想政治教育在融合方面存在的问题

（一）思政教学内容不够丰富，缺乏与创业的融合

从目前高校的思想政治教学现状来看，思想政治课程在学校教学体系和学生教学评价中占据的比重比较低，思想政治教育侧重提升大学生的思想道德和政治素养，过于“泛泛而谈”，缺少问题导向，鲜有针对性和职业实践教育。虽然目前正在大力推进创业教育，但是思想政治课程和创业课程之间缺乏对接和渗透教学，两类课程之间缺乏联系、相互独立、条块分割，尚未形成有机的、系统的融合。

（二）思政教学形式偏理论化，缺乏社会实践

当前社会背景下，强化高校思想政治和创业教育的融合，也需要有具体的实践锻炼，只有在实践过程中强化训练，才能够让学生深刻认识到创业教育的意义，知道在思想政治课程学习中如何提升自身的创新素养和创业能力，为将来的就业和创业做好充分的准备，更好地适应社会需求。此外，学校在开展思想政治课程的教学中，侧重理论教学，忽视实践教学的重要性，导致学生对课程学习缺乏兴趣，积极性不高。校园内也缺乏良好的创业氛围，这些对于学生的思政学习和创业能力培养都是不利的。

（三）创业教育和思政教育的“双师型”教师队伍

要将创业融入高校思想政治教学中，对于教师而言是一种挑战，这需要教师对于两个课程教学都有一定的认识，有较强的创业实践教学素养和良好的思政教学水平。从目前高校思政教师队伍建设情况来看，思政教师整体的教学效果并不高，很多思政教师对于课程教学创新和设计方面没有深刻的研究和探索，也少有在课堂中尝试更多的课程教学方法，导致长期以来思想政治课程教学模式单一，学生缺乏兴趣。

三、高校创业教育和思想政治教育在融合方面的路径探索

（一）做好思政教学改革和课程设计，落实创业和思政融会贯通

在创业背景下，高校开展思想政治课程教学，在课程教学目标的确立上，要进一步结合创业教学目标，要尝试通过有效的课程教学目标整合，促进创业教育和思想政治教育融合，为创业课程建设注入思政元素。思政教育与创业教育不是简单的相加，而是在融合中激发活力，达到“合力增值”的效果。在创业视域下，除了能力培养、知识传授外，思政课程的目标任务更需凸显人格塑造和价值

引领。所以，要立足当前高校人才培养的需要，积极强化思想政治课程和创业教育相结合，为促进人才综合素养培养和能力提升指明方向。

（二）注重实践课程和活动，构建实战教育平台和环境

实现思想政治教学中创业教育的渗透，最理想的还是将其落实到实践中。只有通过实践锻炼，学生才能够真正明确自身的不足，明确自己在创业就业中需要掌握的知识和技能。对此，相关高校可以围绕思想政治课程，组织举办创业实践活动，让学生在创业项目实践中用正确的思想价值观引领自己，用自身掌握的实际专业知识和技能实现人生价值，在实践中有所收获。通过相关实践活动的组织开展，能够实现思想政治教育的目标，深化学生对于自我的认知，明确自己要努力的方向。学校要多为学生搭建这样的锻炼平台，开展多样化的实践活动，避免在思想政治教学中单一的强化理论教学，应当让学生在理论的指导下充分发挥个人主观能动性、独立自主地去解决问题、实践探索，从而把知识转化为能力，达到学以致用的目的。

（三）基于创业教育需求，培育思政教师能力

思想政治教育的最终目的是立德树人，基于创业教育需求，需要对思政教师培育以下几方面能力：一是具备融会贯通创业教育与思政教育的能力，思政教师要把思政小课堂同社会大课堂有机地结合起来，教育引导学生了解当前就业创业形势和国家、社会对人才的需要，将思政课程和职业创业实践结合起来，让学生结合毕业后就业、创业的目标，努力成为适应社会需求的时代新人，把知识转化为能力；二是思政课教师既要坚定正确政治方向，讲好思政课、传播正能量，又要理论联系实际，有针对性、系统性地对大学生的职业素养、职业道德、创新创业能力等方面进行培育；三是学校要把思政课教师队伍的创业教育能力培育建设纳入学校改革发展和人才队伍建设总体规划，为思政教师的社会锻炼、企业学习创造条件，使思政教师熟悉企业管理、市场运作和企业对人才能力需求，对社会、科技、经济、市场发展有准确的观察和预判，从而将创业教育需求应用于思政教学实践中。

第三节　思想政治教育与创业教育的有机统一

思想政治教育与创业教育的有机统一，可以更好地适应国家战略需求和社会发展的需要，为我国社会经济转型提供合适的人才储备。目前，高校思想政治教育与创业教育存在着条块分割、简单叠加、互不相融等问题，为更好地落实和贯彻社会发展对高校大学生培养要求，为更好地整合两者融合的重要作用和优势，

需要探索合适的路径促进思想政治教育与创业教育的有机统一。

一、高校思想政治教育与创业教育的相融问题

（一）尚未融合目标，解决“教成啥”的问题

高校思想政治教育主要目的是全面培养学生良好道德品质和心理素养，也是为提高学生在政治以及心理和审美方面的能力，助力大学生树立正确的世界观、人生观、价值观和社会主义核心价值观，培育社会服务意识和责任当担精神。而大学生创业教育与思想政治教育在培养的内容和培养目标上存在一定差异，大学生创业教育的目标是加强对学生的职业素养、创业精神和创新能力的培养，注重学生在创新思维和创新人格方面的提升，令学生在学校学习期间可以更好地拥有职业素养和素质素养。综上所述，大学生思想和觉悟的培养，是思想政治教育内容所强调的宏观和笼统的思想范畴，而创业教育注重的是对学生创业意识与能力的培养，从而使两者融合的过程中存在缺少统一目标理念的问题。

（二）尚未融汇内容，解决“教什么”的问题

思政教育与创业教育在内容上结合度不高，思想政治教育内容应该偏向于对大学生的世界观、人生观和价值观的引导以及对大学生的爱国主义、集体主义培育，这些方面属于学生认知与思想意识层面的内容。大学生创业教育的教育内容要注重对学生理论知识应用和实践方面的教育，要注重对学生创业的基本素养和能力的培养，旨在培育大学生树立正确的创业精神和意识，以及增强大学生创新创业实践能力。

（三）尚未整合师资，解决“谁来教”的问题

思政教育与创业教育有机融合的前提条件是要具备在思政和创业方面的“双师型”教师，当前，具备创业理论知识或实践经验的思政教师非常缺少，在思政教育过程中，缺乏对创业教育内容的渗透，要注重关心学生思想品德和心理素质方面的问题，并对这方面的内容必须具有丰富的研究经验。高校大学生创业的教师团队通常是由辅导员或从事过职业生涯规划培训的教师构成，过于注重对学生创业意识和能力的培养，强调学生在创业教育当中的创新创意能力，缺乏对学生思想政治和道德素养方面的教育培养。因此，加强两者的有机融合，建立健全完善的师资队伍是有必要的。

（四）尚未衔接方法，解决“怎么教”的问题

目前，大学生创业教育尚未有机融合到高校思想政治教育中，只是内容的简单叠加，没有出现“1+1>2”的系统性效果。两者融合教育过程依然停留在理论

灌输上，过于注重对学生理论知识的传授与教育，未根据学生学习特点，开展不同形式的社会实践和企业体验等方面的活动，学生的启发能力和理解能力缺少挖掘和培养，学生因此而不能充分发挥其主观能动性，使学生的学习过于被动和单一。

二、思想政治教育与创业教育融合性的探索

（一）教育目标的一致性

首先，创业教育使大学生思想政治教育有了针对性和实用性，而思想政治教育在宏观层面上对创业教育起到正确的引导，提高学生对思想政治教育内容的正确认识与理解，进而促进两者相互影响和共同作用。在思想政治教育过程中，教师可以将创业教育中的实践性、适应性、探索性、系统性的教育理念融入到思政教育当中，增强学生对创业的认识，进而促进学生综合能力的全面发展，充分突出思想政治教育过程中以人和学生为本的教育理念。其次，学校在开展“大众创业、万众创新”的相关教育活动和内容时，为转变以往高校将其视为一种响应政策的“运动”理念，需要在开展创业教育活动和内容的过程中，需要加强对其思想政治教育的融入，深入挖掘创业教育的内涵和实质，将对学生思想道德品格和爱国主义精神的培养理念融入到创业教育当中，进而有效培养出具有高素质的创新型人才。

（二）教育内容的相通性

思想政治教育偏向于理论，创业教育偏向于实践。在思想政治教育培育大学生正确的世界观、人生观、价值观及职业道德、服务社会的理论的指导下，进行必要的创新创业实践，而创新创业实践活动又唤醒和生化思政理论，从而达到两者相互渗透的效果。在渗透的过程中，可以更好地突出创业教育侧重实践的教学内容，进而促进思想政治教育效果的提高，吸引学生学习的注意力，从而培养学生爱国主义精神和高尚的道德品质，使思想政治教育为大学生创业教育提供有力保障的作用发挥出来，促进创业教育价值的提升。

（三）师资力量的适应性

对于思政教育与大学生创业有机结合来说，良好的师资队伍可以更好地打破两者相结合的局限性。通过师资队伍的教育引导，可以将两者结合的更加顺畅以及提高两者结合的实用性。高校要加强对健全师资队伍的构建，培训更多思想政治理论知识丰富、拥有良好的创业教育理念的教师。创造条件促进教师综合能力和教学水平的提高，使教师有能力驾驭思想政治教育与大学生创业教育有机融合工作，进而更好地为高校和社会培养出素质能力较强且具有创新意识的综合性人

才，提高高校思想政治教育与大学生创业教育有机融合的质量与效果。

（四）理论和实践的相合性

在思想政治教育与大学生创业教育融合的教学中，其教育内容完全按照教材和课本，未有效结合现代化发展过程中的实践内容和理论进行教学，没有将其教育更好的与社会现实相联系，不仅不利于吸引学生学习注意力，也很难使学生在两者融合学习过程中对所学内容产生共鸣和情感。因此，加强两者的有机融合，需要高校开展多种校外实践活动，提高学生理论联系实践的能力。可以开展校内实训和校外实训的教学活动。在实训的过程中，将思想政治和创业教育理论知识与社会现实的相关内容和实践相结合，了解学生思想政治理论知识掌握情况和创业实践能力方面存在的不足与问题，从而有效培养学生创业价值观和意识，提高学生思想道德素养和社会责任感。此外，学校也可以开展校外实践活动，可以由校外的指导老师与高校教师共同对学生进行两大理论课和实训部分的教育，在教育过程中令学生感受到未来创业中企业运营和科研创造等环节，并且在通过校外指导老师与高校教师联合进行教育的过程中，让学生可以提早了解社会的需求和创业态势。

第四节 思想政治教育与创业教育协同育人

大学生思想政治教育主要研究马克思主义、毛泽东思想、邓小平理论、三个代表、科学发展观、习近平新时代中国特色社会主义思想以及思想政治教育等方面的基本理论和知识，培养大学生树立正确的世界观、人生观和价值观，弘扬大学生爱国主义、集体主义精神，培育大学生形成积极进取、艰苦创业、开拓创新、不屈不挠、不怕困难的人生态度和职业素养。创业教育与我国时代发展精神密切关联，与社会发展也高度一致，高校开展创业教育是时代的要求，也是大学生思想政治教育的内在要求，思想政治教育与创业教育的协同育人，是当前高等教育改革的有力抓手。

一、思想政治教育与创业教育协同育人的重要意义

（一）促进大学生形成正确的职业观和创业观

多数大学生的职业发展和创业之路都非常艰难，造成这一现象的主要原因是大学生年龄相对较小，思想还不够成熟，社会阅历也不够，所以在毕业后很难将书本知识有效融入实践中；任何人的成功都需要付出巨大的代价，大学生成长的过程需要向书本学习、向实践学习、向富有创业精神的企业家学习，更需要从思想政治的高度，为其注入敢闯敢拼的时代精神与改革创新的源动力，从而有效提

升大学生的职业观和创业观。在当前全国上下大力推进“双创”的背景下，极大促进了创业教育与思想政治教育的深层次融合，同时也能很好的引导学生形成正确的职业观和创业观。创业教育与思想政治教育的有机融合，将助力大学生对其自身职业发展有了更加科学、更加明确的认识，同时也在很大程度上提升大学生对思想政治的学习兴趣，从而促进大学生思想政治教育从纯理论教学方式走向理论与实践相结合的教学方式。

（二）强化大学生的创业和职业素养发展的能力

最近几年，尤其是新冠肺炎疫情爆发以来，大学生就业形势比较严峻，国家要求高校全体教职员工都要带着深厚的感情做好学生的就业创业指导服务工作。做好大学生的就业和创业指导服务工作，是高校辅导员的神圣职责，教育部2017年颁布的《普通高等学校辅导员队伍建设规定》，以教育部令的形式，明确了高校辅导员在此方面重要职责。作为高校思想政治教育骨干力量之一的辅导员，对大学生的就业和创业指导起到不可或缺的积极作用，辅导员的工作如能和主渠道的思想政治教育课程有机结合，实现课内课外有效衔接，课内课外同频共振，外加有效整合校友、家长、导师、全体任课教师等多方资源，将会对精准、高质量的开展大学生就业和创业指导，强化大学生就业和创业指导能力，引导大学生在顺利完成学业的同时积极求职择业、主动创业、努力提升自我综合素质等方面具有显著的作用。思想政治教育与创业教育的协同育人，不仅能助力大学生的创业和职业素养发展，同时也能帮助大学生树立崇高远大的理想，引导大学生主动对自己的未来进行谋划与思考，使自己从被动的求职者向事业的创造者转变，以更好地适应今后严峻的就业形势。

（三）在教书育人的框架里，有利于优化高校人才培养模式和教育理念的创新

从协同理论角度去分析，高校思想政治教育与创业教育的理念较为接近，能够互相依托、相辅相成。辩证唯物主义和历史唯物主义的世界观和方法论对创业教育具有很强的实践指导价值，可为创业教育提供更为厚重的理论原动力。作为新教育理念和人才培养新模式的创业教育，可为思想政治教育注入全新的内容和实践载体。在“大众创业，万众创新”的时代背景下，基于协同理论推动高校思想政治教育与创业教育的有机融合，可在很大程度上提升高等教育的系统性与时代性，推动高校人才培养模式的不断升级优化。此外，也可使高校政治思想教育更具理论和实践结合性，推动高校教育教学理念的创新，从而更为有效地激发大学生的艰苦创业、开拓创新的精神和对标社会需求的职业素养，改变相对被动的学习状态，激发其敢闯敢拼、勇于挑战自我的时代精神。

二、思想政治教育与创业教育协同育人的路径探索

（一）探索推进思想政治教育与创业教育协同育人的课改

创业教育作为适应经济社会和国家发展战略需要而产生的一种教学理念与模式。现阶段，高校对创业教育的研究不够透彻，在创业教育中可借鉴的模式也比较少，高校的创业教育尚处探索阶段。另外，如何构建创业教育与思想政治教育协同育人的教学机制，缺少现实参考案例。而大学生是创业教育的主要服务对象，其从中受益最多。但就目前的情况来看，部分大学生对该教育的认识不足，积极性不高，将创业教育简单地看成一门选修或必修课程，将修满学分、通过考试作为学习该课程的目标，没有意识到创业教育在思想政治教育中的现实意义，也谈不上如何有效实现创业教育与思想政治教育的协同育人的目标。为解决上述问题，切实发挥创业教育的作用：一是建议国家相关部门要持续加大对高校开展创业教育的引导、扶持、督查力度，充分发挥示范引领作用，必要时可开展高校创业教育与思想政治教育融合典型示范评价、评估或督导工作，有效提升高校高素质“创业+思政”师资培养质量；二是理性、批评性地吸收国外相关教育理论，设立更多的研究方向和研究课题，引导高校全体教育工作者都来关心关注并研究创业教育，研发适合不同学历层次大学生创业教育课程体系，加大创业教育实践活动载体建设，广泛开展创业竞赛特别是实战训练活动，探索启发式、探究式、开放式、案例式、互动参与式等教学方式、方法。

（二）把大学生职业发展和创业思维纳入到思想政治教育中

促进创业教育与思想政治教育协同发展，用职业生涯发展理论来指导创业教育和思想政治教育的有机融合，引导大学生把个人发展同经济社会发展，特别是国家创新驱动发展战略需要有机结合起来。无论是职业生涯规划、创业生涯规划还是基于创新的职业或创业生涯规划，其核心都在于激发大学生的自主性即主观能动性，在于激发大学生积极进取、勇于探索的内在驱动力。大学生毕业后无论是就业、创业或继续深造，都需要有效使用职业生涯发展理论确立明确的生涯发展目标，需要学习企业家精神，向企业家一样的工作、学习或者成为优秀的企业家，诚信、敬业、尊重他人，重学习、善思考、抓机遇，富有创新精神、责任感和事业心，这些都是创业教育和思想政治教育共同肩负的重要教育教学内容。

（三）培育一支跨学科、跨体系、高素质、有经验的师资团队

要想提升创业教育教学的效果，提升创业教育和思想政治教育融合的水平，必须想方设法打造一支高水平的师资队伍。据了解，当前的师资团队有一部分来自创业学院的专业教师，还有一部分是思政专职教师、辅导员、学工教师等，此

外还有一小部分外聘的创新创业教育培训机构的教师和校外企业家导师。对校内师资的两类人员而言，由于创新创业教育活动的特殊性，专业教师要投入很大的精力解决实践体验的问题，但学校并未在此方面予以相应配套措施。对于从事思想政治教育工作的老师，在创新创业教育中，就是从业余工作的角度，承担创业入门的课程，一方面不可能也没有精力全身心投入到创新创业教育工作；另一方面也没有实现创新创业教育与思政工作者的主业有机结合，思政课课堂主渠道和日常思想政治教育管理实践有效结合，充分利用思想政治教育工作者熟悉学生特点、掌握学生特长的优势，增强教育效果。此外，从社会上邀请的创业者、企业家给学生所做的报告讲座，缺乏长期有效的机制，创业导师制度缺少规划和涉及师资队伍体系匮乏。为解决上述问题，抓住创业教育和思想政治教育融合的“牛鼻子”：一是就创业课程教学团队组建而言，课程的完成不仅仅需要某个学科专业的教师，还需要多学科专业教师的互相配合，需要组建学科专业教师（偏重于创新教育）+经济管理类专业教师（偏重于创业教育）+学工队伍（偏重于基于创新的创业教育）+校外导师（偏重于创业实践训练）等多位一体的教育教学团队；二是构建模块化、项目化、全程化师资团队，做好资源整合和师资培育，将创业教育贯穿于高校人才培养的全过程，不仅需要将创业教育与思想政治教育融合，还需要将创业教育与学科专业教育、第二课堂、实习实践、孵化加速等有机结合起来，组建一支一体化、有经验、高素质的教育师资队伍；三是加大创业教育和思想政治教育融合师资力量培养力度。这支队伍，不仅需要拥有丰富的思想政治教育理论功底，同时还需要在教育教学的过程中创造性、自主性的整合调动各类优质教育资源，尝试和创新创业教育教学方法，以及不断总结和探索丰富的实践指导经验。

（四）搭建软硬件环境和平台，多维度全方位促进融合发展

传统应试教育培养出的人才，一般认识不到职业素养对自身未来发展的重要作用，部分大学生往往把学习好专业知识作为职业和创业生涯发展的关键，但忽略了企业锻炼和社会实践。虽然大学生对高校开展的职业生涯发展规划、就业指导、创新创业辅导与实践活动持积极态度，但相对被动的学习模式、相对依赖的成长模式、缺乏科学理性思考的职业发展模式已经形成，如何通过创业教育和思想政治教育，并在形成融合合力、双管齐下之下，教育引导大学生的学习模式由被动转变为主动、成长模式由依赖转变为自我主导、职业发展方向由缺乏理性思考转变为更加科学和差异化。一是改进教育教学方式，为系统化全方位促进创业教育与思想政治教育融合发展。以高校思想政治教育为载体，融入创业教育理念，通过案例式、互动参与式、启发式、探究式、开放式教学方法，有效提升大学生艰苦奋斗、敢于质疑批判的意识和崇尚科学的创新精神。树立“全员育人”

的教育理念，无论是高校创业教育还是思想政治教育，任课教师、学工队伍等始终是教育的主要引导者，其不仅要传道授业，更要解惑，把握时代发展、适应社会对大学生人才培养的新要求，强化大学生职业发展与创业教育，帮助学生了解所学专业及其发展前景，为学生创造更多接触社会的机会，帮助学生分析和解决在职业发展规划实践中遇到的现实问题。二是统筹安排和合理整合资源要素，强化实践教育教学环节。教育资源多种多样，书本只是众多资源中的一种，特别是网络发达的今天，可以整合一切可能的优质资源来丰富教育教学内容、创新教育教学形式。在校内实践训练中，可整合校内资源，切实发挥好创客空间、众创空间、大学科技园等作用，甚至将校内外一些物理空间打造成大学生基于创新的创业活动的练兵场、孵化器。在校外实习实践中，核心是打造真正有价值、让学生有较强获得感的实习实践基地，从根本上转变学生对实践教育的看法，深刻认识到实践教育的重要意义，积极主动投入到社会实践中。思想政治教育甚至所有教育教学环节中还可给学生设立必要的创业课题，让学生依靠自身所掌握的知识完成创新性科研课题和创业计划书，充分调动学生积极参加创新创业模拟实践、“互联网 +”大学生创业大赛、“挑战杯”竞赛等活动。大学生大部分的学习生活时间都在校园中，校园文化环境对其具有很大的影响力，校园文化建设是影响学生思想与创业意识的关键因素之一，也是创业教育与思想政治教育的协同育人有效路径，通过系统化的顶层设计来推动校园创业文化建设，在潜移默化中推动创业教育与思想政治教育的协同融合。

第三章　思想政治教育与创业教育的研究现状

习近平总书记在2016年12月7日举行的全国高校思想政治工作会议上强调：要坚持把立德树人作为中心环节，把思想政治工作贯穿教育教学全过程，实现全程育人、全方位育人，努力开创我国高等教育事业发展新局面。贯彻这一指示精神的实质就是要做到从“思政课程”到“课程思政”的教育模式转变。在高校创业教育中，就是要强调将思政教育融入到创业教育，构建“全程育人、全方位育人”的协同教育机制。目前，在各项实证研究和理论融合研究中出现思政教育融入的“错位”和情境“错配”，因此如何构建新时代高校思政教育融入创业教育的协同育人机制，如何搭建情境适配思政融入创业教育是亟须解决的理论和实践问题。

第一节　思想政治教育国内外研究现状

一、国外德育教育现状研究

1860年，英国的教育思想家赫伯特·斯宾塞（H. Spencer）在其《教育论》著作中根据教育内容和教育对人的作用把教育划分为“智育（intellectual education）”“德育（moral education）”“体育（physical education）”。从此以后，在教育范畴内“德育”以一个独立的概念和常用术语在世界范围内被广泛使用，直至今日。纵观西方教育界，约翰·杜威（John Dewey）的道德教育思想始终备受推崇，对当代德育理论和实践的研究有着深刻的影响。美国的道德教育理论家理查德·H. 哈什（Richard H. Khash）等在《道德教育模式》一书中指出：“目前流行的各种道德教育模式——理论建筑模式、体谅模式、价值澄清模式、价值分析模式、认知的道德发展模式和社会行动模式几乎无一不源流于杜威的传统。”杜威（Dewey）的道德教育思想是一个庞大的体系，其中包含了“教育即生活”“学校即社会”“从做中学”“思维与教学”等核心内容，其主导思想是要确立受教者在道德教育中的地位，肯定了活动在道德发展中的作用。他反对对价值标准进行设定，而强调要在具体的情境中去发展受教育者的价值判断标准，促进其自身的发展。此外，西方学界关于德育主体心理作用机制的研究对德育工作有着重要的指导作用。

英国 W. D. 拉蒙特（W. D. Lamont）针对价值理论对于道德教育的作用有着自己独到的见解。他认为“价值的排列秩序是预估机会成本的倒置”。美国职业心理联合学会会长弗雷德里克·施兰克（Frederich Schrank）1994 年对责任心作用机制提出“三维模型”，他认为：“责任心在主体、事件和相应规则 3 个要素之间起着心理黏合剂的作用。规则与事件结合成为对规则的理解，规则与主体结合成为主体意愿，事件和主体结合成为主体能否控制行为。”法兰克福德代表人物阿克塞尔·霍耐特（Axel. Honneth）认为：“平等对待与道德关怀存在相互包容关系，社会承认关系的质量应该构成为社会正义构想的立足点。”强调了德育主体对社会和他人的承认和尊重的需要。考察西方国家的高校德育实践发现，各国多数以公民教育为核心任务来实施德育工作。英国 1944 年《巴特勒教育法》规定：“所有的学校除了宗教教育，还要进行个人社会教育、健康教育和公民教育。公民教育包含的内容为以下几个方面：社区，多元社会，公民自身，家庭，民主、公民和法律，工作、就业和休闲，公共服务等。”

1996 年，英国在全国价值观教育会议上确定了 4 个领域的基本价值观：“社会方面，诸如真理、人权、法律等；人际关系方面；自我方面，诸如每个人都是有价值的独特存在等；环境方面，诸如为未来保持可持续发展的环境的责任等。”20 世纪 80 年代以后，大学生的公民教育在美国得到高度重视。乔治·布什（George Bush）曾撰文指出，学校教育不单单是智力教育，智力教育和品质教育并重才是学校教育的任务和目的。美国前总统克林顿（Clinton）在 1996 年和 1997 年的国情咨文中强调，对学生进行品格教育，把学生培养为好公民是增强美国国际竞争力的重要保障。在法国，始终坚持对大学生进行公民教育，只不过不同时期的公民教育的内涵有所调整和侧重。俄罗斯在高校德育中，从苏联的培养社会主义的“政治人”向培养自由社会的“合格公民”转变，其特征在于强调培养个性和谐发展的公民，造就独立的、自由的、有文化的、有道德的人。德国的《联邦德国教育总法》中曾突出强调要使学生在一个自由、民主和福利的法律社会中，提升道德素养，增强对自己的行为有责任感。总体看来，国外高校德育公民教育目标的设定，蕴涵着深刻的政治教育，渗透了爱国主义教育，体现了鲜明的阶级性和本土化特征。

二、国内德育教育现状研究

在我国，专家学者和实践工作者对德育及高校德育的研究多有涉猎，研究角度多元，研究内容广泛，研究对象也较为丰富，大致可分为以下 3 个视角。

一是高校德育必要性的研究。班华认为德育现代化是现代化的一个组成部分，既要保证现代化的社会主义方向，又是推动整个现代化的力量，强调了德育改革的迫切性及方向，即以德育现代化为改革方向。江应中认为德育现代化作为教育现代化的一个组成部分，具有自身的独立实体性和不可替代性，没有德育现代化，就不可能有整个教育的现代化。陈建民认为德育是为社会和人的需要服务的，社会的现代化和人的现代化都必然要求德育现代化。陈明银认为在当代社会政治文化纷繁芜杂和信息传播飞速发展的今天，我国高校德育面临着繁重的历史任务，同时也面临着许多新的机遇和挑战。高校德育现代化是我国高等教育发展的必然趋势，也是进一步加强和改进大学生思想政治教育的必然要求。檀传宝在强调德育的重要性及如何坚持“立德树人”时提出了“无德育即无教育”“教育者无法不参与德育”“德育是工作更是灵魂”的深刻认识，发人深省。

二是高校德育核心任务的研究。杨尊伟等认为德育现代化的目的就在于促进人的德性的现代化，德性品质是人格的关键要素，德育在很大程度上为人的现代化服务。吴宇认为人的现代化最根本的是人格的现代化，现代社会要求高校德育要把培养具备现代人格的大学生作为首要目标。鲁洁认为德育现代化是实现人的现代化的一个组成方面，思考德育的现代化不能不从现代化与人的现代化的关系这样的逻辑关系上去展开。冯建军将鲁洁的观点引申为“道德教育的根本作为在于引导幸福生活的建构”，并从引导建构“理性的消费生活”“有尊严的公民生活”“有意义的可能生活”“道德文化生活”“爱心的合作生活”和“崇高的精神生活”6个方面概括了幸福生活的内容。

三是高校德育的问题分析。此类研究最为丰富，在此仅挑选有代表性的两类观点。针对高校德育现代化存在的问题，胡斌武认为在德育观念上德育的政治化倾向明显，德育基本被思想政治教育取代，德育思想主要是思想政治工作思想；在德育目标上混淆了德育理想与德育目标，同时，德育目标过于强调“大一统”，缺乏层次性；在德育课程建设方面存在结构单一、稳定性不够、衔接性不强、教材建设滞后等问题；在德育制度建构上自上而下的行政指令过强、稳定性不够、内容混沌；在德育理论研究上缺乏对德育规律的重视和把握，德育理论研究的很多问题无法或难以突破，不利于学校德育理论与实践的科学化、现代化。王双梅认为高校德育“在德育目标上片面强调社会规范的要求，而忽视人自身的发展要求；德育内容上片面强调思想政治教育，忽视法制教育、道德教育、心理健康教育，忽视对‘人’的发展的全面关注；德育方法上片面强调‘说教’和‘训练’，忽视学生的自主活动、合作探究、静悟内化等”。

从以上较具代表性的观点看，高校德育现代化的必要性及重要性已经成为共识并得到充分论证，并且各位学者从不同层面和不同角度对德育及高校德育现代化的核心任务进行了阐述，其最终均指向人的现代化发展，进而促进社会的现代化发展。

第二节　创业教育国内外研究现状

一、国外创业教育现状研究

西方发达国家较早开展了创新创业教育。美国哈佛商学院 1947 年即开设了“新创企业管理”课程，斯坦福大学 1949 年开设了创业教育课程。1970 年，美国第一次创业学术会议在普度大学召开，主题是对麻省理工学院的分拆公司、硅谷等极具代表性的创业成功案例进行分析交流，该会议初步涉及了大学在促进创业发展中的作用。到目前为止，美国已有多所大学通过设立创新研究机构来推进其创新创业教育及创新能力的研究，其他一些欧美国家也力求通过各种途径与方式来培养学生的创新能力，并将高质量创新人才的培养作为教育改革的思路和方向。英国政府提出了“高等教育创业”计划，对大学开展创新创业教育给予直接的财政支持。澳大利亚教育委员会及就业培训组织等机构认为，创业教育是一种直接面向年轻人的能力、技巧和创造性、革新性、开创性等个性品质培养的教育形式。国外高校开展创新创业教育呈现出如下特点：一是以学生为主体的教学思想，使学生比较全面、客观地了解自己；二是教学方法以案例教学为主，采用大量的案例启发学生，引发创新创业兴趣；三是模块化、分层次的课程结构，学生可以根据自身的特点和专长，选学有针对性的内容；四是评估与考核在教学过程中占有重要地位，调查学生个人情况并作出评定，有针对性的提出素质教育大纲。

1973 年，在加拿大多伦多举行了第一届创业研究国际会议，来自密歇根大学、波士顿大学、卡耐基梅隆大学及得克萨斯大学的学者们针对创业案例研究与大学创业教育的双向互动关系进行了探讨。1998 年联合国教科文组织发表的《世纪的高等教育：展望与行动世界宣言》指出，世纪的青年除了接受传统意义上的学术教育和职业教育外，还应当拥有第三本教育护照，即创业教育。也正是在这次大会上正式提出了创业教育的概念。在教育模式方面，国外创新创业教育突出以下方面：一是案例教学。案例教学的源头可以追溯到两千年前的苏格拉底时期。案例教学的本质不是为了让学生将标准答案背下来，而是帮助学生学会思考和分析，学会如何将一个创新创业的现实问题抽丝剥茧和具体细化，从而找到相应的解决方案。二是引导式教学。带领学生进入企业并参与企业调研访谈，要求学生整理有关资料并找出企业经营管理中存在的问题，并引导学生从不同角度对企业进行诊断分析，设计可操作的应对措施。三是网络教学。网络教学法是以学生为主体，采用多种学习方法融合的方式，通过网络平台发布创新创业问题，学生自由参与互动。熊彼特（Joseph Schumpeter）认为，企业家的职能之一是实现创新，而创业活动则是创造竞争性经济体系的重要力量，他在其创新理论中指出，创新来源于创业，并且应该成为评判创业的标准。

彼得·德鲁克（Peter Drucker）在其《创新和创业精神》一书中，结合大量企业案例，分别从创新实践、创业精神的实践、创业型策略等方面对创新与创业的内涵、关系及相互渗透融合等进行了分篇探讨。在创新创业教育的成效方面，研究结论并不统一。班尼特·丹（Bennett Dann）研究表明，在发达国家的创业家中，有更高的教育水平往往意味着更高的成就。吉布（Gibb，2002）通过调查研究发现，在成为一个创业家之前，一个人必须接受足够的创业训练和发展。娜比·霍顿（Nabi Holden，2008）认为，在高等教育阶段对创业教育的投资最有可能带来长期回报，即在具有了一定商业经验后创业教育会产生积极的影响。但也有研究对创新创业教育的成效提出质疑，奥斯特贝克（Oosterbeek，2010）等人进一步指出，学生受到的创新教育对其未来成为企业家并未产生显著的影响。

二、国内创业教育现状研究

随着大学创新创业教育的不断深化改革，大学创新创业教育内容及模式也不断丰富，研究内容包括创新创业教育模式、教育体系构建、教育课程研究等多方面。

一是有关教育模式的研究。关于我国大学创新创业教育模式的研究，始终尚未形成具有公认的模式成果，但不同论述中相互融合、贯通，存在较大的共性研究。其中，以王占仁等学者的“广谱式”创新创业教育研究为主要代表。王占仁提出“广谱式”创新创业教育是一种全新的教育理念和模式，核心理念是“面向全体学生”“结合专业教育”“融入人才培养全过程”。基本目标是“全覆盖”“分层次”和“差异化”，努力实现面向全体与分层施教紧密结合、在校教育与继续教育密切衔接、素质教育与职业教育统筹兼顾，整体包括“通识型”“嵌入型”“专业型”和“职业型”4个层面的体系架构。张鹤从大学创新创业教育的机制、路径和模式3个方面入手，提出大学创新创业教育应完善创新创业的运行、保障和激励机制，从课程体系、专业实践教学等方面思考实施路径，提出并论证了大学创新创业教育的“前店后校”模式。

二是有关教育体系构建的研究。在确立创新创业教育模式的基础上，余昶提出，要明确大学创新创业教育的定位、确立知识资本化的核心地位、处理好知识资本化和非功利性的关系，及鼓励创新创业的草根精神等高校构建创新创业教育模式的策略。朱桂香认为大学创新创业教育应当树立科学的创新创业管理目标、设置专门的创新创业管理机制、深化改革高校创新创业主旨管理模式、设置层次化的创新创业教育课程、构建创新创业教育的实践平台等措施来深化改革高校创新创业组织管理。肖华运用激励理论对制约大学创新创业教育长效发展的相关因素进行了分析，进而指出了基于激励理论构建大学创新创业教育的激励机制，具体包括依照马斯洛需求原理和目标理论，构建大学生创新创业目标；依照自我效能理论和归因理论，强化大学生创新创业意识；依照双因素理论和公平理论，保护大学生创新创业热情；依照期望理论和挫折理论，提升创新创业教育行动能力。何继新和李露露认为作为适应经济发展新常态需求和吻合创新型国家建设的教育模式，高校应开展精准匹配社会及产业发展需求、兼具理论与实践的创新创业教育。

三是有关教育课程的研究。随着我国大学创新创业教育的不断深化和发展，创新创业教育课程的重要性日益凸显。高志刚提出构建科学的大学创新创业教育课程教学体系，切实增强大学创新创业教育的实效性，并提出构建集全程性、多层性、基础性、渗透性、实践性、体验性为一体的“模块化”课程体系。薛慧借鉴生态学理论，提出构建涵盖保障体系、课程体系、实践育人体系在内的大学创新创业教育生态体系。梅伟惠认为政府的重视和支持是近 20 年我国大学创新创业教育快速发展的重要原因。为应对师资欠缺、课程单一、环境封闭、平台薄弱等问题，艾军从行业特色高校的角度提出需紧密配合当地行业经济发展，加强政校企合作，完善创新创业教育机制，全方位多渠道加强创新创业教育，着力培养创新创业人才，为行业企业发展、区域和地方经济建设做出贡献。

第三节 思想政治教育与创业教育耦合的必要性与可行性

一、思想政治教育与创业教育耦合的必要性研究

思想政治教育与创业教育耦合必要性的研究主要是通过创业教育与思政教育的融合关系得以阐述。

林致远认为创业教育是扩展高校思想政治教育的有效途径，高校应当充分结合自身特色，努力实现创业教育内蕴的思想政治教育价值。在此之上，王占仁提出创新创业教育作为近年来新兴的研究方向，需要与思想政治教育建构起科学的良性互动关系，思想政治教育与创新创业教育目标一致，内容相通，方法相容，功能相合，可以在发展过程中实现相互助力，联动发展。秦蔚蔚针对高校创新创业教育和思想政治之间的关系进行分析，对于促进高校创新创业改革、提升思想政治教育感染力、实效性具有十分重要的作用。宋妍将创新驱动高校思政教育聚焦方向细分，以创业教育与思政教育融合关系进行了深入研究，肯定了创业教育实践在思政教育中的载体角色。

在二者的关系研究基础上，徐小洲指出创新创业教育升级需要进一步加强生态支持系统建设。高校创新创业教育生态系统建设需要优化政府创新创业教育政策导向，提高政策执行力，完善以创新创业学院为平台的高校创新创业教育管理体制，优化满足教师和学生需求的创新创业教育激励机制，创新以人才培养质量

提升为导向的教育教学模式，建立政府、学校、企业三方协作共赢机制。张晶以苏州市职业大学计算机学院网络专业的学生为例，在对国内大学生创新创业教育模式进行分析的基础上，结合当前大学生创新创业能力培养工作的实际情况，讨论如何利用其实践教学职能驱动教学方式、课程体系等改革。侯德伟将之总结后，提出大学生创业是创业者个人能力、创业资源和信息不断积累的过程，需要高校、政府和社会提供必要的服务并营造良好的创业氛围。高校开展大学生创业教育要善于整合校内外资源，实现创业信息、创业活动和实践平台的有机结合。在此基础上，构建“学生—学校—政府”有机结合的创业教育互动体系，有助于推动大学生创业教育的长远发展。综上研究，诸多学者对如何促进跨学科创业学习、推动创业教育开展以及实施、保障、激励机制等多方面进行了探索并提出了许多有益可行的意见。

二、思想政治教育与创业教育耦合的可行性研究

思想政治教育与创业教育耦合的可行性研究主要通过思政教育与创业教育中两方面的缺失研究得以体现。

刘同舫提出新时代以来，思想政治理论课教学成效有了显著提高，但发展中也暴露出一些亟须解决的问题。这些问题涉及学生的思想问题调研、教学内容的研究、教学资源的开发与共享、教学模式的总结与推广以及绩效评价机制的取向。针对这五大问题，高校应加强对学生思想状况的滚动调研、加深教学内容的学术性基础、扩大优质资源的开发与共享、建立“大思政”的综合交融模式以及促进教学与科研协同并进，从而提高教学质量，提升学生的“获得感”。田传信指出，在当前高校思想政治教育实践育人中主要存在主体障碍、客体障碍和介体障碍三大障碍因素，构建一种新的实践育人模式是有效化解这些障碍的宏观路径，再从微观上探求具体化解策略，对于建立和完善实践教学保障机制、探索实践育人的长效机制具有重要借鉴意义。钱群雷、刘东风在此问题反思之上，提出了“大思政”模式，“大思政”模式是加强和改进高校大学生思想政治教育的有效形式，高校在服务产业转型升级，推进校企合作过程中，“大思政”模式如何应对，是高校思想政治教育的应对内容。多所高职院校立足校企合作，对高职院校“大思政”教育模式及其构建进行了积极的探索和实践。

针对上述问题，李乐霞认为将创新创业教育与思想政治教育融合，有助于推动创新创业教育借势发展，吹响新常态“众创”号角；促进思想政治教育与时代脉搏律动，实现跨界融合“协同育人”；助力高职学生全面发展，造就“大众创业、万众创新”主力军。经姗姗则认为，在当今中国的高校里，在国家“大众创业、万众创新”的号召下，越来越多的大学生积极投身到创新创业的历史大潮中。随着社会经济的发展和高等教育的改革深化，在高校的学生教育工作中，

将创新创业教育与思想政治教育有机融合、协同育人，具有积极的作用与重要的意义。高琳璐分析了思想政治教育和创新创业教育融合过程中存在的若干问题，并围绕将创新创业教育与思想政治教育进一步融合提出了若干解决方法。

在思政教育是创业力形成先导条件的前置作用上，学者们通过过程导向对于学生创业素养、人格、人脉形成的前置因素做了相关探索。林锦莲等人从创新创业教育、思想政治教育两者共生互促、双向发展的角度，提出建立“双向建构”的关系体系，分析“双向建构”的基础、原则和动力条件，探索建立思想创新创业教育与思想政治教育的运行体系，为实现高职院校创新创业教育与思想政治教育的协同发展提供参考。王侗等则从创新创业教育的视角，指出当前高校思政教育模式与双创时代要求存在难以适应的问题，提出优化高校思想政治教育的有效对策；通过对创业教育和高校思政教育融合发展模式的系统研究，从创业教育层面构建思政教育新格局，“大思政”格局构建的现实需要——培养创新创业人才，落实好高校思政教育供给侧改革，探索科学合理的思想政治教育新模式，增强高校思想政治教育的针对性和实效性。万芷吟也认为思想政治教育与大学生创新创业教育有着共同的教育目标、教育内容以及价值取向。高校加强思想政治教育与创新创业教育的融合：一方面能够提高大学生的创业水平；另一方面也能够解决大学生就业问题。为了进一步加强思想政治教育对大学生创新创业教育的促进作用，需要重视开展素质教育，提高实践活动力度、加强校园创新创业文化建设、建立创新创业实践平台，提供多样化创业途径。

第四节 思想政治教育与创业教育耦合的路径

一、思想政治教育与创业教育耦合的路径研究

思想政治教育与创业教育耦合的路径研究具体可以分为三类思路。

一是将创业教育融入思政教育之中。宋妍与王占仁提出为了适应新形势培养大学生的创业精神，提高他们的综合素质，需要将大学生的创业教育和思想政治教育结合起来，把创业教育作为思想政治教育的重要组成部分，是加强和改进高校思想政治教育的必然要求。创业素质培养方面的具体措施，是对思想政治教育传统内容欠缺的有效补充。裴英竹把创业教育定位在素质教育，认为思想政治教育必须积极引入创业教育，将对学生人生幸福的终极关怀作为高校思想政治教育的目标定位，注重强化创业意识优化创业人格。张向前则认为随着国内外形势的深刻变化，大学生思想政治教育出现了一系列瓶颈性问题。创业教育具有鲜明的实践性和主体性，与大学生思想政治教育密切相关，创业教育扩展了高校思想政治教育内容，创新了高校思想政治教育方法，有利于实现大学生思想政治教育在新的时代背景下，多种教育价值的协同发展。这些相关研究都将创新创业教育视

为增强高校思想政治教育实效性的有效措施。

二是将德育融入创业教育之中。赵盈与李睿认为创业教育中涵盖思想政治教育的内容，包括思想观念、道德素质和心理健康等方面。当前大学生在创业实践的过程中确实存在着错误的思想观念：一种是固步自封，一种是急功近利，需要融入思想政治教育进行观念引领和价值制导。道德素质是大学生必备的基本素质，对于创业的大学生而言，是关乎其发展方向和成功与否的重要因素。例如诚实守信、成熟的心理状态，都是大学生创业成功的关键因素。李宏岳认为思想政治教育内容中，培养大学生艰苦奋斗，敢于担负逆境，有足够的勇气和毅力，这是创业者的重要素质。创业教育与思想政治教育都是理论与实践相结合的教育，在教育方法上具有一定的共通性，都强调实践的重要作用。思想政治教育经过长期积累，形成了较为成熟的“方法库”，例如：实践锻炼法、自我教育法、心理咨询法等。创业教育不仅要继承吸收思想政治教育传统的方法，还需要不断创新，形成更适合自身教育特点和规律的方法体系。

三是将思政教育与创业教育双向融合。刘玉威指出思想政治教育和创业教育的内在联系，研究的目标、对象、内容和方法上有很多一致性，指出二者结合的必要性和现实意义。王学俭与王瑞芳认为随着社会的发展和教育对象的变化，高校思想政治教育中引入创业教育，是对思想政治教育内容和载体的创新尝试，是新时期丰富和发展高校思想政治教育的有益探索。袁小平认为思想政治教育与创新创业教育都是高校育人工作的重要组成部分，有着内在的契合点和融合的可行性。两者的有机结合，可以优化人才培养模式，推动高等教育立德树人根本任务的达成。并从协同育人的内涵和特征模式着手，分析两者实现协同育人的理论基础及现实意义，提出实现协同育人的分层模式。张项民强调要把创业教育尤其是创业精神、创业意识等渗透到专业教育中，寻求创业教育的专业支撑，探索专业教育与创业教育耦合联动的路径、方式及机制等一系列问题。

二、思想政治教育与创业教育耦合的研究评论

纵观相关研究，关于“创新创业教育”与“思想政治教育”各自的单向研究较多，缺乏双向共建的理论和实践研究可供借鉴，为数不多的相关研究，在研究的层次、目标、内容等方面都不够丰富，研究成果尚未诞生。创新创业教育是一个系统工程，在发展的过程中存在许多瓶颈问题：一方面师资力量严重不足，高校内部资源整合不够，无法形成合力；另一方面创业教育课程设置尚未形成统一的标准，理论教学不够深入，实践平台也不够广阔，后期评估和反馈跟进不足，缺乏全面科学的衡量标准，教育效果不佳。而近些年思想政治教育学科发展也面临着一些问题。总体上来看，思想政治教育研究方法仍然停留在传统的研究状态，实践性、经验性特点十分明显，只有将理论研究落实于实践才能真正促进

学科发展。但是现实的情况是，理论工作者越来越投入于理论体系的研究，缺乏对具体实践的深入；实践工作者则很少自觉地将实践经验和成果上升到理论层次加以思考和提炼，使两者之间鸿沟日益加深，对创新创业教育与思想政治教育关系的研究难免粗浅，数量也较少，这是二者自身发展过程中的瓶颈，应尽快予以突破。

关于“创新创业教育”与“思想政治教育”关系的辨析，还没有明确的定位，研究只停留在简单的联系与区别层面。我们应力图在双向发展的关系体系下，实现二者的互促协同发展。创新创业教育在发展的初级阶段必然存在着科际整合混乱，学科边界不清晰的问题，“理论依附”“学科定位和研究方法不明确”是客观存在的。从发表的学术论文来看，有十余个学科都直接或间接地涉及创新创业教育研究，各学科都从各自的领域和视角出发，未形成科际整合的研究范式。从比较具有代表性创业教育文章作者进行分析发现，研究领域上出现最多的是高等教育和管理领域，其次是科技哲学、技术经济与管理专业。创新创业教育并未成为独立的专业和学术领域，多样化的学科归属，使得创业教育没有形成独立的原理、知识和方法论体系。在这样的情况下想要理清创新创业教育与思想政治教育二者之间的关系必然存在很大困难，也难以深入。

关于“创新创业教育”与“思想政治教育”如何发挥各自的优势作用，提升思想政治教育实效性，推进高校创新创业教育改革，实现双向发展，还有待深入研究。近些年，高校创新创业教育以蓬勃之势迅猛发展，国家的相关扶持政策层出不穷，创新创业教育也取得了一定的发展。但是，总体层次不高，效果不佳，离国家和社会的期待还有很远的距离。创新创业教育与思想政治教育的关系是什么；创新创业教育的顶层设计是什么；如何把握正确的发展方向，理顺高校、政府、和企业之间的关系；如何创新创业教育模式；如何打造过硬的创业教育师资都没有得到较好的回答，创新创业教育体系尚未形成。因此，从创新创业教育和思想政治教育各自发展的过程和研究状况来看，两者都有着各自发展的众多理论和实践成果，但也都面临着各自发展的诸多困难和亟待破解的“瓶颈”性问题。任何一方的单独发展，都存在自身难以克服的障碍。探索二者之间的关系，在“双向建构”的体系下，促进二者融合发展，是经济发展新常态背景下的现实要求，符合二者发展的现实状况和发展趋势需求。

第四章　思想政治教育与创业教育的背景调查

第一节　思想政治教育和创业教育的时代背景

中国的经济发展和社会主义建设已经进入到新的发展阶段，这一时期对创新创业的需求达到了前所未有的高度。自从我国进入到21世纪第二个10年开始，创新创业就一直被作为国家发展的重大战略，在各大会议和政府报告中提及，而“大众创业、万众创新”的理念也在中国大地上开始生根发芽。党的十七大以来，创新创业就已成为我国国民经济发展与建设的重要内容。国家制定出台了一系列方针政策用以推动创新创业战略的实施。

创新创业简称为双创，是国家教育机制改革的重点。在双创背景下，我们国家的人才培养体系也随之发生了诸多转变，也推动了双创背景下的教育体制改革。自从创新创业的理念被广泛提及和传播以来，无论是中小学还是高校又或是职业教育学校，都将培养学生的创新创业意识作为教育的重点内容。双创要求人才在具备更高的道德素养与专业知识技能的同时，也要具备更加优秀和突出的创新创业精神，敢于尝试、敢于拼搏、努力奋斗、不懈斗争，面对困难勇于挑战，面对世界其他国家所占据的技术优势，要学会师夷长技以制夷，灵活化为已用，为社会主义建设提供源源不竭的动力。从而促进我国社会主义经济事业发展平稳渡过新时期，更近一步达到中华民族伟大复兴的中国梦。

我国之所以要发展创业型经济：一方面是劳动力市场长期的供求不对等关系导致越来越多的人才产生放弃奋斗的想法，社会企业对人力资源的压榨过于极端，在“996”“007”工作模式下，劳动力的基本需求得不到保障，因此社会上开始出现不和谐、不均衡的情况，为此，大力发展创业型经济，让更多的企业创造更多的就业岗位，让更多的员工创造企业的平稳发展，提升中小企业在国民经济中的竞争力，减弱大企业的行业垄断效应，最终倒逼大企业优化自身的经营模式和工作模式，提升劳动者的就业保障和就业效用；另一方面，新时期我国经济的发展依赖于创新创造，依赖于将新技术应用到社会生产之中，而这就需要大量具有创新想法的年轻一代投入市场经济和产品研发之中，将发现转化为产品，并作为企业的主打产品，促进企业发展。

双创背景下的高等教育也逐渐适应这种变化，更加重视起人才的创新创业精神培养。在传统高校教育中，将教学目标划分得格外清晰，根据高校的层次和专业不同，将学生划分为应用型人才和学术型人才，并且按照这两个方向加以培养。但是，随着双创精神在社会的不断发展，这种人才培养划分已经不能满足时代发展的需求。所以，新时期高校的教育逐渐将应用与学术之间的差距缩小，更加注重培养学生的综合素养和全面能力，因为在创业的过程中，更加注重学生的综合能力，而非专业知识。当然，综合素养的前提是专业知识同样过硬，所以这就需要高校对当前的教学方式加以创新和改进。

2016 年，习近平总书记在全国高校思想政治座谈会上强调，高校的思想政治教育关系到高校培养什么样的人、如何培养人以及为谁培养人的根本问题。要坚持把立德树人作为中心环节，把思想政治工作贯穿到教育教学的全过程，实现全程育人、全方位育人，开创我国高等教育事业发展的新局面。在 2018 年的全国教育大会上，习近平总书记再次强调了思政工作的重要性，并提出高校应该培养和组织一支会做思想工作的政工队伍，将思想工作落实到日常和个人。2019 年，习近平总书记在学校思政课教师座谈会上再一次强调了循序渐进地在大中小学中开设思政理论课程的必要性，是培养一代又一代的社会主义接班人和建设者的重要保障（2019 年 3 月 18 日习近平在主持召开学校思想政治理论课教师座谈会时的重要讲话）。可见，高校思政教育有助于保障教育的社会主义的政治方向，有助于在新时期全面贯彻党的教育方针。

此外，大学生思政教育是高等教育中最为核心和关键的内容之一，作为社会主义大学生，国家希望这些人才学有所成之后能够为国家的建设和发展提供力量，实现个人和国家利益之间最完美的协调，所以这就需要对学生进行长期的思政教育。而创新创业教育虽然作为近十年才出现的高校教育内容，其中也需要含有足够的思政教育，以确保大学生创业的目标不仅仅是个人利益，也是为了社会主义建设。

第二节 思想政治教育和创业教育的现状调查

一、高校思想政治教育理念及实践的局限性

（一）高校思想政治教育的思维和理念比较局限和传统

高校思政教育课程作为高校的传统必修课程，伴随着我国高校的发展史已经形成了完整的思维体系和教学理念。正因为如此，使得高校思政教育产生了思维定式，时至今日仍旧以传统的思维和理念进行着大学生的思政教育，忽视了社会发展和时代进步所带来的社会形式变化和高校思政教育要求变化，而受到这种教学思维与理念的局限，高校思政教育的效果并不十分突出。

（二）高校思想政治教学缺乏对学生主体性教学地位的重视

随着教育教学改革和创新创业不断推进，高校也在不断提高学生在教学中的主体性地位。但是现实情况是，很多高校的思想政治教师对学生在教学中的主体性地位不够重视。在思政课程中，思政教师依然是课程教学的主体，大学生仍然处于一种比较被动的接受知识的一种状态，这种填鸭式的教学很容易让学生丧失学习知识和思考问题的能力。学生在学习思政知识、探究热点问题的时候会缺乏创新思维和创新能力，这不利于学生的全面发展。教师对学生在教学中主体地位重视度的缺乏，对于培养学生的思想政治素质非常不利，也不利于培养学生的自主学习能力和思想政治觉悟，从而不利于高校思想政治课程教学效果的提高以及教学质量的改善。

（三）高校思想政治教学没有充分融合以人为本和个性化发展的理念

随着互联网的发展，计算机技术已经融入到人们生活的方方面面。在互联网环境的影响下，高校学生的个性非常明显，且呈现多样化的发展趋势。由于大学生的个性不同，在对学生进行思想政治教育的过程中，就要坚持以人为本和个性化发展的理念。但是，在高校思政课堂的教学中，思政教师并没有重视学生的选择权和自主权，对学生个性化的意见和想法也没有予以一定的重视和采纳。他们过分重视理论性教学，缺乏实践教学的经验，严重阻碍了学生的全面发展，限制了学生的个性化发展。

二、思想政治教育与双创教育相融的问题及对策分析

（一）学生缺乏对思想政治教育与双创教育相融的正确认识

在大多数人的观念里，创新创业教育研究的目的就是为了提高学生的就业率，但是却忽视了思想政治教育在创新创业教育中的重要意义。很多学生为了就业或者利益而学习和发展创新创业，但是却忽视了思想政治教育在成功创业中的人文精神。很多大学生在创业的过程中只想一蹴而就，想立刻就看到成效，而缺乏一定的艰苦奋斗和创业理想信念，甚至有的学生缺乏良好的道德和健康的心理。在创业的过程中，学生很容易走入误区，从而出现错误的人生观，更严重的是人生理想信念发生改变，造成他们人生观和价值观的扭曲，导致现代社会拜金主义、啃老族、大学生自杀以及一些严重的危害社会安全的暴力行为的产生。为此，创新创业教育在帮助大学生就业创业的过程中，也要不忘初心，避免走入误区。

（二）双创背景下大学生思政教育有待进一步加强

在创新创业教育发展的过程中，在对大学生的思想教育也要懂得创新，不能

一味因循守旧，用老一套的教学模式。例如，有些高校开设创新创业的选修课，只是将这种选修课作为学生日常学习中次要的部分，这不仅降低了教师对创新创业课程的重视意识，也让学生认为创新创业的课程没有什么实质性的内容，只是流于形式。因此，高校在开展创新创业课程的同时要不断完善创新创业教育的理论课程，另外也要重视创新创业的实践教育，不断丰富创新创业教育的实践形式，从而提高大学生的创新创业能力。在将创新创业的意识与大学生的思想政治教育相结合的过程中，要注重对学生创业意识、创业品质、创业思维以及创业精神的培养。提高大学生的创业精神和创业能力，除了扎实的理论知识之外还要建立起满足大学生实际需要的实践平台，让大学生的创新创业热情得到释放，培养学生的创新创业的人格。

(三) 建立思政教育和双创教育兼备的专业教师队伍

教师是做好创新创业教育的主体，是学生的引路人，也是促成创新创业教育取得很好成效的关键因素。在创新创业教育不断得到重视的当下，高校教师队伍的创新质量还远远无法满足当前创新创业教育发展的需要。在我国的高校中，很多从事创新创业教育的教师缺少创新精神和创业能力，不少教师在创新创业教育的过程中往往流于形式。因为，从事创新创业的教师往往是管理学和心理学专业的教师，普遍缺乏创新创业的经验。一些担任创新创业教育的教师是高校中的辅导员，他们的创新意识不够，专业化程度也比较低，对创新创业教育的相关理念的认识不够透彻，即使一些学生选修了创新创业的选修课，但是课堂氛围往往过于枯燥乏味，学生的学习效果并不是非常理想，无法满足学生加强自身创业能力、创业意识、创业品质和创业思维的需求。为此，我国急需一批兼备实践能力和理论能力的思想教育者对学生进行更为科学的引导。创业并不是一件非常简单的事情，创新创业的思想教育和创业的成败息息相关。因此，对初创业的大学生来说，非常需要一个专业的教学团队来对他们进行引导和教育。

创新创业教育也不能仅仅停留在口头上，应该落实到教育教学中的每一个环节，以及每一位教师的心中，只有教师从内心里开始接受创新创业教育理念，才能更好地传递创新创业这个理念，创新创业的效果才能发挥得更好。

(四) 创新教学模式，避免思政教育传播方式过于单一

创新创业的课程在大学中非常受学生欢迎，因为这门课程比较新颖，对就业具有很强的实用性。思想政治教育有助于学生正确认识和了解创新创业，因此，在这门课程中发挥了非常重要的作用。但是，当前大学的思想政治教育方式非常固化，教学中的很多思想过于陈旧，跟不上时代的发展，对一些有志于创业的大学生来说缺乏一定的吸引力。很多教师没有认识到创业者所需要的激情和热情的

品质，忽略了大学生作为创业者所具有的灵活头脑的优势和自信果敢的特点。因此，这种陈旧的、固化的教学非常不利于学生的思维拓展。在授课的过程中，很多教师只注重对创业结果的陈述，不注重对创业过程的讲解。因此，学生只看到了创业成功的结果，没有认识到创业过程中的艰辛，对于强化学生的创业思想意志没有任何的帮助。因此，教师应该多跟大学生交流，了解他们的需要和心理特征，探索出更适合创业者的教学模式，以便为创业者提供更为良好的思想教育基础，帮助他们更好地实现创业梦。

（五）重视思想政治教育与双创教育相融中理论实践的相结合问题

大学生的创业教育需要理论和实践相结合，只有两者相辅相成才能促进大学生创新创业不断取得良好的效果和进展。对当代大学生的创业教育需要一些理论的支撑，但是也不能忽视实践的帮助。随着创新创业理念的不断实践和发展，大学生的创业理念也在不断成熟，大学生中的创业者越来越多，这也是大学生在激烈的社会中不断实现自身的价值，不断寻求自我发展的重要途径。做好创新创业教育离不开思政教育的引导，思政教育也离不开实践的帮助。因此，无论是理论教育的缺乏还是实践教育的缺乏都会对大学生的创新创业产生很大的影响，只有两者相结合，才能为大学生创业者提供必要和有效的支撑和帮助。

第三节　思想政治教育和创业教育中存在的问题

一、创新创业教育中的价值引导与社会需求脱节

创新创业提出之后，高校的各类创业项目如雨后春笋涌现出来，但是各高校项目的持续性和质量却不尽如人意。对大多数的青年学生来说，创新创业仅仅停留在立项阶段，多数高质量的项目只能依靠少数的专业研发团队。创新创业能力的提升只体现在少数人的身上，并且效果并不是非常明显。很多高校的创新创业项目的功利性比较强，缺少社会责任感，这与当前以价值引导、塑造功能为主的思想政治教育的去功利化产生了非常大的矛盾。学生只想在短期内获得一定的利益，却忽视了创业过程中的艰辛和风险。大多数的学生只看到了别人创业成功之后的状况，没有看到别人在创业过程中的付出，这也是当前创新创业教育中价值引导不到位的重要问题。

二、教育工作缺少系统针对性

当前，高校的“双创”教育缺乏非常明显的培育过程和阶段分化，青年学生自身的素质不同，使得有些学生适合创业，有些学生不适合创业。很多高校的创业项目都是学生自愿参加，缺少有针对性的创业教育。高校中创新创业的课程

体系，缺少比较明显的科学导向及因人而异的个性化教育理念，实践环节也缺乏强有力的行业支撑，不健全的教育体系使思政教育工作无法有层次地开展。

三、大学生对创业教育的认知度较低

当前，大学生对创业动机的把握不是非常准确，很多学生是为了金钱利益或者是被迫进行创业，没有树立科学的创业动机，在价值观念上也出现了很大的偏差。在创业的过程中会遇到各种各样的困难，很多学生出现了放弃创业的想法。在当前学生创业成功的案例中，完全依靠自身的能力成功的学生并不是很多。学生在创业的过程中没有一个非常好的心理素质和创业的信念，对创业教育的理解也比较片面化，这些都是当前学生创业中出现问题的主要原因。

造成大学生创业教育认知度低的原因与教师对创业的认识不透彻也有非常大的关系。很多教师对创业知识有很大的欠缺，有些教师将创业教育归结为学生就业的一种，对创新创业教育的理解仅仅认为是提高学生就业率的一种体现，没有考虑到创业教育为学生所带来的育人的本质。可以看到学校对创新创业教育缺乏思想层面的引导，没有让学生树立一个正确的创业认知。思政教育在学生的创新创业的认知上起到一个重要的引领作用。但实际上，由于在具体的教学中往往忽视了思政教育的指引作用，使得教师和学生对于创业教育的理解和认知都产生了一定的偏差。

四、创新创业宣传力度有待加强

有些学校虽然开设了创新创业的课程，但是对课程的宣传力度不够，很多学生并不知道创业课程已经开设。在举行创业实践活动的时候，有的活动的宣传力度很大，有的活动宣传力度比较小，学生并不能掌握每次创业活动举办的信息。很多学校的创新创业的活动只针对毕业生，其他年级的学生对创新创业活动的了解非常少。学校虽然有很多的社团，但是缺少专门的创业社团，学校对学生创业社团的活动也没有给予足够的重视。社团作为大学生的第二课堂，能够帮助学生更充分地展示自己的能力和潜质，缺乏创业社团对营造浓厚的创业氛围来讲缺少了最关键的一环。当前自媒体的快速发展，对于向学生传递创业信息有着非常大的作用，学校应该充分利用好自媒体的优势，创建创业公众号、微博等，为学生提供充足的创业信息服务，加强学校创业氛围，不断激发学生的创业热情。

五、创业课程设置及模式偏陈旧

正确的创业理念是指导学生正确看待创业，筑牢学生创业理想信念的重要的精神支撑。因此，应当在创新创业教育中充分利用好思想政治教育的作用，不断加强学生的理想信念，增加爱国主义和友善主义教育的内容。诚实守信是学生创业行为的底线，爱国是学生创业行为的原则，友善和道德是学生创业行为的准则。学校创业教育的课程多数传授的是创业的技能，没有加强对学生社会主义核心价值观的培育。当前，学校的创新创业教育仍然是以理论讲解为主，但是创业教育作为一项实践性很强的社会活动，教学过程中实践性的缺乏会严重制约学生的创业素质的培养。当前有些学校内的创业教育的实践活动比较单一，主要以讲座、演讲和比赛的形式进行，挫伤了学生的创业热情。学校应该多组织学生进行创业实践活动，不仅要增加校内的实践活动，也要多联系校外的企业，给学生创造更多实践的机会，让学生在社会实践中通过自我的教育，发现自身的不足并加以改正，将思想政治教育与创业教育落到实处，将创业教育与思想政治教育进行有效融合。

六、大学生创业教育中思想政治教育的内容针对性不强

在大学生创业的过程，思想所发挥的作用是非常强大的，甚至超过了专业知识所发挥的作用，而这样强大的思想除了学生长期以来日积月累所养成以外，高校的创新创业教育中思想政治教育的部分无疑是一条捷径。通过学校系统专业的教学，培养学生的创业思维和逆商，培养学生强大的心理承受能力以及其他创业过程中所需要的基本思想政治素养。但是，在当前高校的实际创新创业教育中，思政教育内容的针对性并不强，并不是完全针对学生创业的实际出发展开的思政教育，而是驳杂不精，将思政教育中几乎所有内容都作为教学内容，即每个思政内容都有所涉及，但是每个内容都不深入展开，点到即止，这样的思政教育对学生创业而言并没有显著的帮助。因为在创业过程中，学生畏首畏尾思考的东西太多，就会失去原本的斗志和创新精神，踌躇不前。

七、大学生创业教育中的思想政治教育缺乏良好的社会环境

大学生创业不仅仅是高校单方面教育就可以产生良好成果的工作，而需要高校、政府和社会三位一体，各自发挥其作用，才能够促成大学生创业成功。但是，在当前实际的大学生创业教育中，三大要素都存在缺位，构建出来的环境就是不利于大学生创业的环境。

首先，高校没有尽到创新创业教育的主导义务。作为直接进行大学生创新创业教育的要素，高校本应当以更加科学合理具有发展性的眼光开展学生创业的思政教育，但是目前的实际情况是高校更多将其作为一种政治任务，流于形式、浮于表面，没有很好发挥作用。其次，政府作为大学生创业的实践主导者，虽然提供了很多大学生创业上的扶持政策，但是却拘泥于形式和地点，对学生创业的限制加大，束缚了学生的手脚。第三，社会作为大学生创业所面临的主要市场，同时也为大学生创业提供了最有力的竞争者，而社会的责任不到位在于没有明确清

晰地指出大学生创业存在的问题，让很多创业项目无疾而终，同时将失败的案例传播开，而成功的案例加以隐藏，这是社会民众的选择，但是也是对大学生创业的无形障碍。最终导致大学生在创业的过程中缺乏思想政治教育的导向，容易走歪路。最后，从社会的角度，学生的创业活动离不开社会环境的支持、促进作用。我国的创业教育起步比较晚，全社会对创业的认知度还不是很高。学生大学毕业之后，找一份铁饭碗的工作等传统的就业思想已经成为了一种被社会认可的观念。因此，思想政治教育在提高人们的创业意识上就需要充分发挥其沟通、宣传、协调等的功能，结合知识时代的发展需要，通过各种方式提高人们对创业的认知度，尊重和重视对创新型人才的培养，整个社会范围内都要营造一种支持学生创业、鼓励学生实现自我价值的良好的风气。思想政治教育有利于整合社会上的各类资源，为大学生的创业争取广泛的社会支持力度，营造更有利于大学生进行创业的社会环境。

第四节 思想政治教育和创业教育存在的问题成因分析

一、存在传统观念的制约

受到传统观念的影响：读书就是为了走仕途，从当前越来越热门、竞争也越来越大的公务员考试中可以看到这一点。相比于其他的职业，创业具有更大的风险和不确定性。因此，很多家长在孩子毕业之后，都会鼓励孩子找一份稳定的工作，例如，考公务员、进入知名国企等，大多数的家长是不支持子女创业的。很多大学生也更倾向于在毕业之后找一份高收入、体面的工作，创业往往被作为找不到合适的工作的最后选择。一些学生在了解了创业的艰辛之后，不愿意承受创业过程中的困难和辛苦，对创业没有耐心、决心和信心，甚至产生排斥的心理。另外，创业也有一些性别上的区别，在创业的过程中，男女角色分工以及社会责任的轻重不同使男性在性格方面会表现出比较激进的一些特征，也更加有事业心以及想要征服事业的愿望，而女性往往会选择相对比较稳定的工作。因此，大学生创业教育受到社会、家庭以及性别等各方面的影响，导致大学生的创业教育困难重重，难以推进。

二、对大学生创业教育的重视程度不足

大学生创业教育缺乏整体的规划和布局。大学生的创业教育虽然取得了一些进展，但是在创业教育发展的过程中缺乏坚定的理论指导，也没有科学的整体布局，导致在开展创新创业教育的过程中仍然存在很多的问题和阻碍，创业教育对学生的作用效果也差强人意。

忽视了教师在实施创新创业教育中的重要性。教师对于大学生创业教育的理解存在一定的局限性，很多教师肤浅地认为创新创业教育的目的只是为了提高学生的就业率。因此，只加强了学生的创业技能和创业基础知识的培养，并没有意识到应该对学生进行全方位的个体发展的培养。创业教师在培养学生的创业理论的同时，还应该注重对学生创业热情的激发。当前学校的创业教师的理论水平比较高，但是实践能力还是比较弱的，很多教师由于没有实践经验，导致课堂内容以理论的讲解为主，难以激发学生的创业精神和创业热情。另外，创业教育也没有融入到校园生活中。当前，创业教育只针对毕业生或者部分具有创业倾向的学生，创新创业课程也多是以选修课的形式出现在课堂中，使得大多数的学生对创新创业教育还比较陌生，没有在学生的日常生活中融入创新创业的氛围，导致在实施创新创业的过程中，会遇到更多的阻碍。

三、大学生创业教育的体系构建不完备

高校创新创业教育的培养目标应该是培养具有创新精神、创业能力以及创造性思维的高素质人才。但是，在具体的创业教育的实施过程中，高校对学生创业教育的考核结果却以短期内学生创造的利润、学生成功创办的企业为考核的标准。学校在具体的实施创业教育的过程中没有与创业教育目标相吻合，偏离了创业教育原本的目标，偏离了国家对创业人才培养的初衷，导致培养的大学生创业人才，无法有效促进国家和社会的发展需求。大学生创业内容界定模糊，每次实践活动的内容比较随意，没有按照学生自身的需要来制定，甚至开课的时间和学期都没有统一。大学生的创业教育体系不健全，只加强创业理论知识的培养，不注重对学生创业实践能力的培育，学生在日后的创业活动中容易出现闭门造车的情况。实践是检验真理的唯一标准，只有不断为学生提供创业实践的机会，学生才能掌握创业实践的规律。在学生创业教育的培养中，奖惩制度到监督制度都不是很完善，很难吸引学生进行自身教育。只有努力建立健全创业教育体系，积极为学生开展创业实践活动，让学生在实践中形成创新思维的机会，才能够培养高素质、高水平的大学生创业人才，实现大学生创业的目标。

四、对大学生创业教育中的思想政治教育缺乏深入研究

在国内对大学生创业教育中，对思政教育进行研究的人员大多是高校研究者和有关领域的专家。但是，有一个必须承认的事实是，这些研究者本身很少会直接承担大学生创业教育中的思政教育任务，所以研究者对于思政教育现状的资料来源于问卷调查，来源于实地访谈，来源于文献资料，唯独不是来源于教学实践，而真正从事教育实践的人却又无暇或者没有能力进行相关的研究。这是高校教师政治生态所产生的问题在大学生创业教育思政教育中的具体体现，而这个问

题导致的结果就是国内对大学生创业教育中思政教育的研究深度远远不足，研究流于表面，没有建立起真正行之有效的大学生创业教育思政教育方法体系。

五、思想政治教育在创新创业中未受重视

学生的创新创业问题是关系到国家的发展和社会和谐稳定的重大问题，高校应该重视学生的创新创业教育，积极落实国家的创新创业政策。但是，很多高校存在对学生进行创新创业指导时对学生的思想政治工作重视不够，忽视了思想政治教育在学生创新创业中的重要性。很多教师认为，应该注重对学生创业技巧的指导而不是思想政治教育的加强。甚至很多高校的创业就业的指导教师并未受过专业的培训，缺乏就业创业指导方面的知识。

六、高校缺乏兼备创新创业和思想政治教育经验的复合型师资队伍

创新创业教育跟普通的专业课程不同，教师不仅要具备创新创业教育相关的专业的知识，还需要具备思想政治相关的专业知识。目前，我国创新创业教育相关的教师比较少，且专业化程度比较低，而在我国高校从事创新创业教育的教师主要是部分专业课的教师、学校就业指导中心的教师以及学生辅导员兼职创新创业指导的教师。这些教师大都没有接受到系统的创新创业和思想政治相关的培训和指导，且教学的整体水平也不是很高。大多数创新创业的教师缺乏相关的实践经验，没有创业的经历，只能纸上谈兵，因此，对学生的教学效果并不是非常理想。国外从事创新创业教育的教师很大一部分是兼职教师，他们中很多人有过创业管理的经验，也创办过自己的企业。这些教师长期从事创新创业的研究，也具有丰富的创业经验，能够将自己的体会融入到教学中，既丰富了教学内容，也提升了大学生的创新精神和创业信心。很多从事创新创业教育的教师其自身的思想政治素养不是很高，虽然接受过长时间的思想政治教育但是却缺乏一定的广度和深度，很多知识很难适应当前时代的发展需要。这也是造成创新创业背景下学生的思想政治教育和创业教育效果不理想的主要原因。

七、思想政治理论课教师在创新创业教育中的作用没有充分发挥

思政课教师作为社会意识形态的传播者，也长期从事大学生心理素质和思想道德研究，更容易发现学生在创业过程中的思想动态，并能准确掌握大学生从事创业过程中的心理素质和心理活动的状况。思政课教师拥有较高的思想政治水平和教学的功底，让思政课的教师参与到大学生创新创业中来，对培养大学生的思想道德素质具有一定的促进作用。思政课教师能够联系当下的国情以及学生的思想特点，帮助学生认识到自身的历史使命，弘扬学生的爱国主义情怀，树立坚定的理想和信念，以更为灵活多样的方式培养学生的创新思维、创新精神、创业意

识和创新创业的综合素质。目前，高校中从事创新创业教育的教师缺乏一定的专业水平，很多学校也没有充分发挥思政教师在创新创业教育中的作用，没有鼓励更多的教师参与到创新创业中，这是对教师资源的一种非常大的浪费。因此，学校应该出台相应的政策，鼓励更多的思政课教师投身到创新创业教学中，发挥他们在教书育人方面的专业优势，解决当前创新创业教育中效果不理想的问题。

第五章　思想政治教育与创业教育的相关理论

在“大众创业，万众创新”的背景之下，如何推进职业学校思想政治教育与创业教育，需要对社会主义与核心价值观、立德树人是教育之本、人力资本理论和生态系统理论在思想政治教育与创业教育当中的应用进行系统论述，从而为当前的职业院校思政教育、创业教育提供理论指导。

第一节　社会主义与核心价值观

新形势下，职业院校思想政治教育和创业教育需要科学的理论作为指导，加强当代职业院校学生社会主义核心价值观的教育，就是要将他们培养成中国特色社会主义事业所需要的职业人才，是当前职业教育的一个重要课题。

社会主义核心价值观：富强，民主，文明，和谐，自由，平等，公正，法治，爱国，敬业，诚信，友善。党的十九大召开之后，我国社会主义核心价值观在理论研究界的地位被进一步奠定，只有遵循社会主义核心价值观，开展当前的思想政治教育和创业教育，才能够推进我国职业教育体系的发展和完善。在新时代背景之下，要想让人民有信仰，民族有希望，国家有力量，就要确立社会主义核心价值观的理论指导地位。从目前的发展情况来看，社会主义核心价值观是社会主义核心价值体系的内核，体现社会主义核心价值体系的根本性质和基本特征，反映社会主义核心价值体系的丰富内涵和实践要求，是社会主义核心价值体系的高度凝练和集中表达。从国家层面上来看，社会主义核心价值观所代表的富强、民主、文明、和谐是我国社会主义现代化国家的建设目标，在十四五规划的指导之下，全面实现富强民主、文明和谐，推进我国社会主义现代化水平提升，是每一个当代中国公民都应追求的发展目标。富强、民主、文明、和谐还从价值观的层面对社会主义核心价值，基本理念进行了简明扼要的表达。富强、民主、文明、和谐在社会主义核心价值观当中居于最高层次，对其他层次的价值理念具有统领的作用。富强也就是国富民强，是社会主义现代化国家经济建设的应然状态，是我们当前发展中国经济，繁荣中国社会，构建中华文明的追求目标，是中华民族梦寐以求的美好夙愿，富强也是民族振兴、人民生活幸福、国家繁荣昌盛、每一个中国人民幸福安康的物质基础。从中国两百年的近代史发展情况可以看出，只有构建富强的社会主义现代化国家，人民幸福安康才能够实现，脱离了这个物质基础，意识层面的制度建设将成为浮萍。因此，追求国家富强、民族富强是社会主义核心价值观的物质基础。

民主是人类社会的美好诉求，是我们追求的社会主义发展方向。我们所追求的民主是人民民主而非资本主义国家所推行的精英民主或资产阶级民主，其覆盖的范围更广，所处的历史阶段更先进，人民民主的核心和本质是人民当家做主，也就是每一个中华人民共和国公民所拥有的天然权利。人民民主是社会主义的生命，也是创造人民美好幸福生活的政治保障。只有构建民主的现代化国家，才能让富强的经济建设成就为民众所共享，同时也只有建设人民民主的社会主义国家，才能够吸纳最广大人民群众的意见和建议，保障社会主义国家建设的正确方向。

文明是社会进步的重要标志，也是社会主义现代国家的重要特征，它是社会主义现代化国家文化建设的应有状态，对应着富强所代表的物质建设的应有状态。文明是一种面向现代化，面向世界，面向未来的我国社会建设的发展方向。同时，文明还代表着民族的、科学的、大众的社会主义文化的发展方向，这是我国社会主义文化建设的一种必然，也是实现中华民族伟大复兴的重要支撑。只有构建全面文明的社会，才能够让中国人民在精神上更加富足，在生活上更加幸福，构建一个有利于中华民族伟大复兴的文明民主和谐社会是中国传统文化的基本概念，它是对社会层面、政治层面、经济层面、历史层面的人类发展期望的一种高度凝练，集中体现在于学有所教，劳有所得，病有所医，老有所养，住有所居的生动局面。这种局面并不会天然的降临，也并不会主动的发生，而是在中国人民追求之下的一种理想状态，它是社会主义现代化国家在社会建设领域的价值诉求，也反映了我国人民当家做主的一种美好社会愿景。

和谐，代表社会和谐、经济和谐、文化和谐，只有在和谐发展的基础之上，中国社会才能够持续健康地进步。同时，和谐也代表着中华传统文明在社会层面经济层面的一种集中体现。追求和谐已经根植于中华每一位人民心中，是传承千年的文化基因，也是对复杂问题解决的一个根本路径。

从社会层面上来看，自由、平等、公正、法治是社会主义核心价值观对美好社会的生动表达，也是从社会层面对社会主义核心价值观基本理念的凝练，富强、民主、文明、和谐所代表的国家层面价值观，是社会层面自由、平等、公正、法治的基础。因此，社会层面的中国核心价值观体现了中国特色社会主义的基本属性，是中国共产党矢志不渝、长期实践的核心价值。换言之，中国社会主义核心价值观只有体现在社会层面，才能够让每一个中国人民共享发展的成果。

自由是指人的意志自由，不以他人的意志为转移，每一个中国公民可以在法律的框架之内行使自己的意愿，按照自己的意志来生活和生存。同时自由也是存在和发展的自由，是指每一个中国公民的生存和发展，是在社会制度层面得到保护的任何人的存在和发展，不得限制他人的存在和发展。从这个角度来看，自由是人类社会的美好向往，是马克思主义追求的社会价值目标，也是中国现代社会主义建设的价值和目标。追求自由既是人的天性，也是人对于社会的贡献，但是这里的自由是有限制的。自由是人民民主的自由，是符合社会主义核心价值观的自由。

平等是指公民在法律面前地位上的平等，价值取向上的平等，以及在社会心理上受尊重和受保障的平等。平等的价值取向，是不断实现平等环境的构建平等制度的彰显，平等程序的限制。平等要求尊重和保障人权，人人依法享有平等参与，平等发展的权利，任何破坏平等的行为都被将被唾弃。

公正是指社会公平和正义。公正意味着每一个人在自由平等的基础之上，能够充分地被保障，权利义务的履行对应着权利的彰显。公正意味着人的解放，人的自由平等多项权利得到保障。同时，公正也是民众对于国家和社会的一种期望、表达，在社会层面就是社会应然的根本价值理念的彰显。公正的环境需要制度作为支撑，公正也根植在每一个人民心中，只有人人努力，人人自主，才能够真正实现公正环境的构造。

法治是国家治理的基本方式。依法治国是社会主义民主政治的要求，它通过法制建设来维护和保障公民的根本利益，是实现自由平等，公平正义的制度保障。相对于人治，法治是一种更加制度化、规范化、程序化的治国理政的方式。它对应着更加现代化的治理理念和治理路径。我国已经全面树立了依法治国的现代化，民主政治的发展理念，通过更加完善的立法，司法、执法全面的高水平的法治构建起这一法治社会，人民的基本权益才可以得到保障，人们的行为会受到法律的约束，只有构建完善的法治社会，才能够真正实现自由平等和公平正义。

从个人层面上来看，爱国、敬业、诚信、友善是公民基本道德规范，是从个人行为层面对社会主义核心价值观基本理念的凝练，它覆盖社会道德生活的各个领域，是公民必须恪守的基本道德准则，也是评价公民道德行为选择的基本标准。在新时代背景之下，对职业院校学生开展思想政治教育和创业教育，就要引导学生全面遵守社会主义核心价值观，这是对公民个人层面的行为引导。爱国是基于个人对祖国依赖关系的深厚情感，也是公民行为的基本出发点之一，它能够有效调节个人与祖国的关系，从而帮助个人理顺自己的行为逻辑。爱国同社会主义紧密结合在一起，在人民当家做主的社会主义中国，每一个公民都应以振兴中华为己任，通过自己的行为加速社会的繁荣和富强，促进民族的团结和统一，旗帜鲜明地反对分裂祖国的行为，坚决维护祖国的统一，并通过强化对自身的要求，自觉报效祖国，加强自己对祖国的贡献。

敬业是指公民职业行为方面的一个评价标准，敬业是指爱岗敬业，真正热爱自己的工作，这是自己的安身立命之本。敬业要求每一个公民都忠于职守，克己奉公，服务人民，服务社会，通过自己平凡朴素的工作，真正彰显社会主义的职业精神，爱岗敬业精神是融入在中国人骨血里的一种工匠精神，认真奉献的精神，先人后己的精神，只有敬业才能够获得职业方面的成功，也能够推动个人的生存和发展。

诚信也就是诚实守信。中国传统文化当中，诚信就是一个最为重要的文化精华。仁义礼智信是中华民族千百年来传承下的道德传统，也是中国文明重要的组成部分。诚信要求每一个中国公民诚实劳动，信守承诺，诚恳待人。

友善是强调公民之间相互尊重、关心、帮助，形成一种和谐，友好的关系，这也是新时代背景之下新型社会主义人际关系的一个重要体现。

在职业院校当中推进社会主义核心价值观的教育，对于重塑学生的价值观念具有重要的作用。社会主义核心价值观始终坚持以人为本，尊重群众的主体地位，关注人们的利益诉求和价值愿望的表达，从国家层面、社会层面和个人层面推动人的全面发展。因此，在职业院校学生的思想政治教育和创业教育当中，推进社会主义核心价值观，就是要扬起理想信念的风帆，抓住学生人生观、世界观、价值观这个总开关，引领学生强化对自身道德信念的约束，筑牢学生的精神支柱，使学生可以始终认同社会主义理想，强化自己的精神堡垒。以这种高度的思想理念作为指导推进自身的创业行为。同时，社会主义核心价值观还要找准学生的思想共鸣点，与学生的利益交汇，做到贴近性、对象化和接地气。这就对职业院校的思想政治课教师提出了更高的要求，教师应善于运用学生喜闻乐见的方式搭建思想政治教育和创新创业教育的平台，开辟学生乐于参与的渠道，积极推进学生的理念发展。同时，还要推进思想政治教育的手段创新，始终立足于学生思政工作的实际，增强思政工作的吸引力和感染力。

第二节 立德树人是教育之本

培养什么人，怎样培养人，是我国社会主义教育事业发展中必须要解决好的根本问题，也是职业院校推荐思想政治教育工作和创业教育工作的根本问题。党的十八大报告指出，要将立德树人作为教育的根本任务，具有里程碑式的意义。立德树人是当今职业教育和时代教育的共同主题，只有立德学生才能成人，只有坚持以人为本教育才能回归到个人。因此，立德树人已经成为职业教育的核心思想。当代中国出现了道德危机，迫切需要立德。可以说，教育必须要遵循这种道德教育的核心和根本，推动人的发展，才能够彰显职业教育的光辉精神。在当前的职业教育当中，人只有受过良好的教育才能够成为优秀的个体，教育为人所需要，因此促进人的发展，这是教育的唯一目的，也是教育存在的唯一依据。教育不是手段，也不是塑造工具的方法。在这里推进职业院校的思政教育和创新创业教育，重视成人才是教育的核心和真谛，只有将人是做目的而非手段，才能够真正体现现代教育体系的核心精神。回顾新中国的职业教育，我们在很长一段时间都将教育等同于政治，等同于意识形态，作为上层建筑在不断地推进这种做法，衍生了多种社会弊端。在此之后，改革开放以来，党的工作重心转向经济建设，教育作为生产力的本质也受到了重视。在新时代背景之下，坚持以人为本的科学发展观，推进了立德树人、育人为本的教育回归，这就要深化对教育的认知，完成从社会向人的转变，使教育回归它的原点，回归教育的本质——育人。立德树人的教育理念强调人是教育的目的，这里的人是完整的人，而不是片面的政治经纪人，而是全面发展的德才兼备的人，遵循这种教育理念，才能够不断推进社会的繁荣、稳定和富强，避免经济片面发展而造成人的道德滑坡。这就要求职业院校的教师在推进思政教育和创新创业教育时，不能只关心知识成绩或者是升学率，而是要关注学生的人格和道德塑造，将职业院校的学生打造成为优质的人力资源，关注学生的人性发展，关注学生的道德培养，关注学生如何安身立命，解决当前职业教育与社会道德教育脱节的问题，使教育回归人，根植于人，是教育的根基，让学生成为一个大写的人，有个性的人。这也是当前职业教育尤其是职业思政教育的神圣使命，是立德树人的根本诉求。

第三节　人力资本理论

人力资本理论起源于 18 世纪，伴随着人类工业革命所产生的快速机械生产力，科学技术逐渐替代了有经验的产业工人，因此生产效率极大提高。英国古典经济学者亚当·斯密（Adam Smith）以及舒尔茨（Shulz）对于这种人力资本的思想进行了深入的论述。从人力资本的萌芽时期开始，古典经济学家就对人的劳动价值进行了深入的研究，包含亚当·斯密、大卫（Dary）、李嘉图（Davicl Ricardo）、木落（Fallen tree）以及萨伊（Zaire）等名人发表的一系列的观点都重视劳动生产率、劳动价值，强调生产资料与物化劳动之间的转化。在这一时期较有代表性，创造性的论点是穆勒（Moulle）所提出的教育理论，也就是从传统经济增长与资源配置的生产取向出发，认为教育支出将会带来更大程度的国民财富。教育培训支出是重要的资本之一，花费在教育培训方面的费用将会成为人才带动的累计资本。在此之后，马克思对于穆勒和萨伊的观点进行了批判，提出劳动价值理论、货币理论、资本生产理论，对于人力资本进行了系统论述。马克思把人的劳动分为复杂劳动和简单劳动，并提出提高人的智力和技巧的科学技术与教育是重要的生产力的来源。在此之后，现代经济学家对于人力资本的研究在不断深入。1979 年舒尔茨系统论述了人力资本观点，该观点对于人力资本的增长问题进行了定量研究。因此，舒尔茨也被称为是人力资本之父。舒尔茨的人力资本理论认为，人力资源是一切资源当中最重要的资源，只有把握住人这个核心，才能够真正推动生产力的发展，通过人力资本的教育性投资，可以显著提高人力资本的劳动效率，推动人力资本形成规模经济的效应，改善人力资本的有效配置，加强组织绩效的管理等。同时，舒尔茨的人力资本理论还认为，在经济增长当中，人力资本的作用极大，其占比要高出物质资本以及其他因素的推动，人力资本投资与国民收入成正比，也就意味着人力资本投资越高，国民收入增长越快。这种增长的速度要远超过物质资源增长的速度。舒尔茨的人力资本理论还认为，人力资源对应的市人口的质量，其核心也在于不断提高人口的质量。教育投资是人力资本投资当中重要的组成部分，如果仅仅将人力资本与再生产的环节作为生产消费的环节，那么就等同于浪费了人力资本。因此，要从人力资本的核心角度对于人力资本的投入进行经济效益的分析，这种投资的经济效益要远远大于物质投资的经济效益。而在对人力资本进行投资的过程当中，教育就是最为核心的一种投资手段，因此也可以将人力资本有关的投资问题当做教育投资的问题，这种等同化的思考是具有划时代性的。人力资本作为生产力的要素之一，还可以进一步拆分为具有不同技术知识程度的人力资源。高技术知识程度的人所带来的生产效率的提高，要远远大于技术程度低的人力资本所拉动的经济增长。除此之外，教育投资以市场供需关系为依据，以人力价格的浮动为衡量符号，这也就意味着教育投资要根据当地劳动供需关系的变化而产生显著的变化。

总的来看，以舒尔茨为代表的人力资本理论突破了传统经济增长的因素分析理论。在传统的理论框架当中，物质资本是对经济增长影响最为显著的因素，但人力资本具有划时代的意义，它意味着人力资本才是最为核心的生产资料。人力资本可以分为高质量的人力资本和低质量的人力资本，从全新的视角来研究经济理论和具体的实践，为我们更加科学合理地看待宏观经济的增长提供了一个新的维度。人力资本理论认为，物质资本主要是指厂房、机械设备、原材料、土地以及有价证券等；而人力资本主要集中在人的身上，产生于人，服务于人，对人力资本的持有者，也就是个体进行普通教育职业培训，拓展个人接受教育的机会，提高个人接受教育的质量，是个人在接受教育的机会成本上更有可控性，让人力资本凝集更高的价值，那么就可以显著推进经济的宏观增长。人力资本蕴含在人身上，体现于各种类型的生产知识、劳动与管理技能和健康素质等。通过统筹性的人力资本提升计划，可以显著促进人力资本质量和总和的提高。按照人力资本理论的观点，在人类经济发展的时代洪流当中，既要源源不断地将物质资本投入到经济生产当中，也要源源不断地提高人的智力、体质和道德物质资本，这是一种全新的重视人自身资本，重视生产知识技能存量总和和增量发展的新观点。因此，在当前的职业教育发展当中，融入这种人力资本的理论，有助于我们更加科学地看待人力资本的发展，重视对人的教育，强化职业教育的成本机会分担，强化对在职培训以及资源配置规模经济效应的统筹性分析和发展，强调劳动力价值，重视人这种重要的生产要素。

第四节 生态系统理论

生态系统论在发展心理学中由布朗芬·布伦纳（Brown Point Brenna）提出，这是一种针对个体发展所设计的环境模型，强调个体嵌套于一个复杂影响之下的环境系统当中。而在这个系统当中，所有的因素都会对个体的发展产生不同程度的影响。生态系统理论强调自然环境是人类发展的主要影响源，这一理论被现代研究人员所重视。环境或自然生态释义，整套的嵌套结构，每一个嵌套都会产生一系列的辐射性的影响，包含直接环境，例如家庭环境包含间接环境；例如宽泛的文化环境都会对个体的发展和成长产生不同程度的影响。这种生态系统理论对于个体发展环境的思考方式产生了多样化的指导作用。在这种理论指导之下，个体之间的所有差异都归于环境在这个方面的差异。例如，个体在认知社会，甚至生理上的不同都可以归结于环境对个体产生的影响。生态系统理论构建了一个全新的微观系统环境，指个体活动和直接交往的环境是层层变化不断嵌套的，而个体活动和直接交往环境是整个大环境当中的一个子系统，是环境系统当中的最里层。例如，对于婴儿来说，微系统仅限于家庭，但随着婴儿成长为小学生、中学生，他的成长环境在发生着变化，活动范围不断扩展，他所接触到的人际关系包含师生关系，同伴关系。对学生来说，学校是最大的微系统。而随着这个个体进入到社会，其所属的微系统不断地扩大，数量越来越多，范围也越来越广。从这个认知层次来看待个体的成长就要关注到个体生物性和社会特性之间的联结，关注个人人格和能力受到环境的综合影响因素。同时，生态系统理论还对中间系统，外层系统和宏观系统进行了论述，中间系统主要是微观系统和宏观系统之间的介质，主要是指微观系统之间联系或相互之间存在的方式，通过优化中间系统、微观系统和外层系统，宏观系统之间就有可能发生良性的变化，实现整个系统的最优化。反之，中间系统的联系指向性不足，微观系统之间非积极的联系就会产生消极的后果。例如，一个婴儿在家庭中处于核心地位。但是，如果他在学校当中不能够享受到同等的待遇，那么这个婴儿在心理上就会出现不平衡，甚至会影响他与同学建立和谐亲密的关系，也会影响这个个体在教师心目中的地位，对他的微观系统产生消极的影响。生态系统当中的外层系统主要是指儿童并未直接参与，但却对他的发展产生系统性影响的因素。例如，父母的职业、父母的社会地位、工作环境就是这种外层因素的主要表现。宏观系统主要是指社会当中的文化、亚文化以及整体的社会环境，也包含社会的意识形态。例如前文所述，对职业院校学生开展的社会主义核心价值观教育，本质上就属于生态系统理论当中的宏观系统，它是指对个体开展教育时应该努力的一个目标和方向。这些宏观方面的系统因素广泛存在于微系统中、系统和外系统当中，会对个体的成长产生持续不断的系统影响。

生态系统理论主要考察人类行为与社会环境的交互关系，它把人类成长所依存的社会环境（如家庭、机构、社区等）看做是一种社会性的生态系统，强调生存环境（人的生存系统）对于分析和理解人类行为的重要性，注重人与环境间各系统的相互作用及其对人类行为的重大影响。尽管现代学习理论家班杜拉（Bandura）认为环境既影响着个体的发展，也受发展的个体的影响，然而他仍然没有对个体发展的环境做出明确描述。布朗芬·布伦纳的生态系统理论对环境的影响做出了详细分析。因为他承认生物因素和环境因素交互影响着人的发展，所以把这种理论描述为生物生态学理论可能更为准确。布朗芬·布伦纳认为，自然环境是人类发展的主要影响源，这一点往往被人为设计的实验室里的研究发展的学者所忽视。他认为，环境（或自然生态）是“一组嵌套结构，每一个嵌套在下一个中就像俄罗斯套娃一样”。换句话说，发展的个体处在从直接环境（像家庭）到间接环境（像宽泛的文化）的几个环境系统的中间或嵌套于其中。每一系统都与其他系统以及个体交互作用，影响着发展的许多重要方面。布朗芬·布伦纳的理论确实改变了发展学家思考儿童发展环境的方式。例如，在 20 世纪四五十年代，发展学家可能会检验儿童成长环境的某个方面的作用，并将儿童之间的所有差异都归于环境在这个方面的差异。例如，儿童在认知、社会，甚至生理上的不同都可能会归咎于离婚对儿童的影响。有了布朗芬·布伦纳的理论，就可以思考许多可能影响儿童发展的不同水平和类型的环境效应。这种生态系统理论对于个体发展环境的思考方式产生了多样化的指导作用。在这种理论指导之下，个体之间的所有差异都归于环境在这个方面的差异。例如，个体在认知社会，甚至生理上的不同都可以归结于环境对个体产生的影响。生态系统理论构建了一个全新的微观系统环境，该系统环境指个体活动和直接交往的环境是层层变化不断嵌套的，而个体活动和直接交往环境是整个大环境当中的一个子系统，是环境系统当中的最里层。

人类普适性的生存发展环境同样适用于当前的道德教育，尤其适用于对教师的引导生态系统理论。将教师的成长放置在人类的生存背景之下，小到教师的身体状况、个性特征，大到社会的风俗习惯、政策、经济社会文化背景等多层次的复杂系统，都会对当前的思想政治、道德教育产生非常明显的影响，这也在教师的职业系统构建当中起到显著的作用。以往的科学研究主要集中于考察这个环节、集中于某一个层次而忽视了整体之间的交互作用。在生态系统理论的指导之下，思想政治教育是一个系统性相互交融的层次，它对教师的职业精神的培育和学生的职业道德的发展产生多方向的影响，不论是微观还是中观，外层、宏观这4个维度都会对学生的职业道德的发展产生不同程度的影响。在当前学生思政教育的过程当中，引入生态系统的理论，就是要积极发挥学生的主体作用，让学生正确地应对外部环境以及系统性因素产生的影响，依托其所处的环境，做出积极、适应性的设计，促进学生的和谐发展。同时，思政教师在进行教学时，要注重教学方法、教学程序，形成一种生态，这就是教学结构和基本的程序引导环境，帮助学生正确地认识客观环境，对自己的作用性以及自身的需求与环境的契合程度，能促进学生真正融入到这种学习系统当中。同时，学生在生态系统理论指导之下开展的学习实践与课堂教学、外部环境多向互动等，推动自身的和谐全面的发展。教师在教学的过程中，也要更深入了解学生的总体发展情况、学生的需求变化情况，从而探索出一套适合学生的教学理论。生态系统理论的应用要求教师在进行教学时要遵循整体性的原则，设置良好的、自主的学习目标，保障每一个学生都能够与外部的元素之间构成一个良好的联系整体。同时，基于这种自我组织的高度复杂性，灵活地调整教学的方法。从学习的个体因素来看，在每一位学生成长的过程当中，阅历不同，所处的社会经济、文化背景不同，都会造成学生的思政意识、思政水平有一定程度的细微差异。人类大脑的工作并非是按照线性单一的方向进行的，而是具备非常高度的发散性、多线并存的运作状态。因此，依据生态系统理论更能够激发学生的自我调节、自我监控的能力，帮助学生主动地与外部环境进行互动。在教师的引导之下，学生可以通过集体的方式相互交流、相互帮助、分工合作，借助集体的力量重塑自我的精神，由原始的混沌状态逐渐走向一种清晰有序的状态。除此之外，在生态系统理论的指导之下，教师的教学还要遵循适应性原则、多样性原则和民主原则，加强课堂的构建，引领学生的思想意识的发展，更好地突出学生的专长，并引导学生与他人进行分工合作。

第六章 创业实践的法律分析

第一节 大学生创业相关法规政策

我国政府非常重视大学生创业就业工作，国务院、人力资源社会保障部、教育部等部门出台多项行政法规、部门规章促进大学生创新创业工作。经过梳理，重点总结以下关于推进大学生创新创业工作的相关政策。

一、大学生创业资金扶持政策

（一）银行业金融机构的资金扶植政策

目前，国家相关部门正在积极探索和创新，结合大学生创业实际需求特点，研发金融产品和服务方式，降低贷款门槛，优化贷款审批流程，提升贷款审批效率。通过进一步完善抵押、质押、联保、保证信用贷款等多种方式，多途径为高校毕业生解决反担保难问题，切实落实银行贷款和财政贴息。落实小额担保贷款政策，在符合规定前提下，加大对创业大学生的支持力度，简化反担保手续，强化担保基金的独立担保功能，适当延长担保基金的担保责任期限，落实银行贷款和财政贴息，重点支持吸纳大学生较多的初创企业。在电子商务网络平台开办“网店”的高校毕业生，可享受小额担保贷款和贴息政策。

（二）社会资金对大学生创业的扶持政策

鼓励企业、行业协会、群团组织、天使投资人等以多种方式向自主创业大学生提供资金支持，设立重点面向扶持高校毕业生创业的天使投资和创业投资基金。发挥中小企业发展专项资金的作用，更多支持大学生创业实体。鼓励企业、行业协会、群团组织、天使投资人等以多种方式向创业大学生提供资金支持，设立重点支持创业大学生的天使投资和创业投资基金。积极争取资金投入。建立健全创业投资机制，鼓励吸引外资和国内社会资本投资大学生创业企业。鼓励社会组织、公益团体、企事业单位和个人设立大学生创业风险基金，以多种形式向自主创业大学生提供资金支持，提高扶持资金使用效益。

（三）税收优惠政策

国家规定对支持创业早期企业的投资，符合条件的，可享受创业投资企业相关企业所得税优惠政策。对高校毕业生创办的小型微型企业，采取税收优惠政策。对留学回国的高校毕业生自主创业，符合条件的，可享受现行高校毕业生创业扶持政策。

（四）其他资金扶持政策

减免行政事业性收费政策。对符合条件的创业大学生，按规定减免登记类和证照类等有关行政事业性收费。人民银行各分支机构会同有关部门积极指导银行业金融机构进一步改进金融服务，为创业大学生办理企业开户手续提供便利和优惠。高校优化经费支出结构，多渠道统筹安排资金，支持创新创业教育教学，资助学生创新创业项目。积极支持品学兼优且具有较强科研潜质的在校学生开展创新科研工作。中国教育发展基金会设立大学生创新创业教育奖励基金，用于奖励对创新创业教育作出贡献的单位。

二、大学生创业环境政策

营造良好的创业环境，通过提供创业服务，落实创业扶持政策，提升创业能力，帮助和扶持更多高校毕业生自主创业，确保符合条件的高校毕业生都能得到创业指导、创业培训、工商登记、融资服务、税收优惠、场地扶持等各项服务和政策优惠。

（一）创业主体市场准入服务政策

提供工商登记和银行开户便利。各级工商部门落实注册资本认缴登记制，依照有关法律法规规定拓宽企业出资方式，放宽住所（经营场所）登记条件，推行电子营业执照和全程电子化登记管理。进一步完善工商登记“绿色通道”，简化登记手续，优化业务流程，为创业大学生办理营业执照提供便利。拓宽高校毕业生创办企业出资方式，简化工商注册登记手续。鼓励各地充分利用现有资源建设大学生创业园、创业孵化基地和小企业创业基地，为高校毕业生提供创业经营场所支持。

（二）创业主体公共服务政策

各级人社部门会协调有关方面针对创业大学生普遍遇到的问题开展创业公共服务，建立健全创业公共服务政府采购机制并加强绩效管理，构建覆盖院校、园区、社会的创业公共服务体系。对各方面相关优惠政策进行归集梳理，以年轻人喜闻乐见的形式加强宣传解读并提供咨询，帮助符合条件的创业大学生获得相应的税费减免、资金补贴等政策扶持。建立健全青年创业辅导制度，从拥有丰富行业经验和行业资源的企业家、职业经理人、天使投资人当中选拔一批青年创业导师，为创业大学生提供创业辅导。采取多种方式搭建青年创业者交流平台，经常举办交流活动，为创业大学生及时了解政策和行业信息、学习积累行业经验、寻找合作伙伴和创业投资人创造条件。积极引导大学生参加创业竞赛活动，有条件的地区可定期举办青年创业大赛，使之成为凝聚青年创业者展示创业方案和创业项目的舞台，同时为创业投资机构、天使投资人等选择投资对象提供机会。拓宽人事和劳动保障事务代理服务范围，将创业大学生作为重要服务对象，提供档案保管、人事代理、职称评定、社保代理等服务。加强服务创新，积极探索将促进就业创业政策措施向网络创业就业领域延伸拓展的有效方式，为在电子商务网络平台上注册“网店”的创业大学生提供政策支持和服务。充分发挥留学人员回国服务工作体系的作用，对留学回国创业人员开展针对性服务，帮助他们了解国内信息、熟悉创业环境、交流创业经验、获得政策扶持。

（三）创业主体创业信息服务政策

加大服务力度，拓展服务内涵，充分利用现有就业指导服务平台，特别是就业信息服务平台，广泛收集创业项目和创业信息，开展创业测评、创业模拟、咨询帮扶，有条件的抓紧设立创业咨询室，开展“一对一”的创业指导和咨询，增强创业服务的针对性和有效性。提供法律、工商、税务、财务、人事代理、管理咨询、项目推荐、项目融资等方面的创业咨询和服务，以及多种形式的资金支持；为大学生开展创业培训、实训；建立公共信息服务平台，发布相关政策、创业项目和创业实训等信息。

（四）营造鼓励创新创业的良好舆论氛围

教育部门广泛开展创新创业教育和大学生自主创业的宣传，通过报刊、广播、电视、网络等媒体，积极宣传国家和地方促进创业的政策、措施，宣传各地和高校推动创新创业教育和促进大学生创业工作的新举措、新成效，宣传毕业生自主创业的先进典型。通过组织大学生创业事迹报告团等形式多样的活动，激发学生的创业热情，引导学生树立科学的创业观、就业观、成才观。

三、大学生创业教育政策

创新创业教育是大学生创新创业能力培养的重要途径，完善相关政策，建立科学有效的创业人才培养机制需要抓好以下措施。

（一）普及创业教育，加强创业培训

推动高校普及创业教育，实现创业教育科学化、制度化、规范化。各高校将创业教育融入人才培养体系，贯穿人才培养全过程，面向全体学生广泛、系统开

展；积极开发开设创新创业类课程，并纳入学分管理；不断丰富创业教育形式，开展灵活多样的创业实践活动；切实加强师资队伍建设，为普及创业教育提供有力支持。各级人社部门加强与教育部门和高校的衔接，以有创业愿望的大学生为重点，编制专项培训计划，优先安排培训资源，切实抓好组织实施，使每一位有创业愿望和培训需求的大学生都有机会获得创业培训。鼓励支持有条件的高校、教育培训机构、创业服务企业、行业协会、群团组织等开发适合大学生的创业培训项目，经过评审认定后，纳入创业培训计划，提高创业培训的针对性和有效性。切实加强创业培训师资队伍建设，创新培训方式，积极推行创业模块培训、创业案例教学和创业实务训练，抓好质量监督，不断提升大学生创业能力。积极整合各方面资源，把成熟的创业培训项目引入高校，并探索、开发适合我国大学生创业的培训项目。同时，高等学校加强对在校生的创业风险意识教育，帮助学生了解创业过程中可能遇到的困难和问题，不断提高防范和规避风险的意识和能力。

（二）创新人才培养机制，加强创新创业师资队伍建设

实施高校毕业生就业和重点产业人才供需年度报告制度，完善学科专业预警、退出管理办法，探索建立需求导向的学科专业结构和创业就业导向的人才培养类型结构调整新机制，促进人才培养与经济社会发展、创业就业需求紧密对接。深入实施系列“卓越计划”、科教结合协同育人行动计划等，多形式举办创新创业教育实验班，探索建立校校、校企、校地、校所以及国际合作的协同育人新机制，积极吸引社会资源和国外优质教育资源投入创新创业人才培养。高校打通一级学科或专业类下相近学科专业的基础课程，开设跨学科专业的交叉课程，探索建立跨院系、跨学科、跨专业交叉培养创新创业人才的新机制，促进人才培养由学科专业单一型向多学科融合型转变。引导各专业教师、就业指导教师积极开展创新创业教育方面的理论和案例研究，不断提高在专业教育、就业指导课中进行创新创业教育的意识和能力。支持教师到企业挂职锻炼，鼓励教师参与社会行业的创新创业实践。积极从社会各界聘请企业家、创业成功人士、专家学者等作为兼职教师，建立一支专兼结合的高素质创新创业教育教师队伍。高校从教学考核、职称评定、培训培养、经费支持等方面给予倾斜支持。定期组织教师培训、实训和交流，不断提高教师教学研究与指导学生创新创业实践的水平。鼓励有条件的高校建立创新创业教育教研室或相应的研究机构。加强教师创新创业教育教学能力建设。各地区、各高校明确全体教师创新创业教育责任，完善专业技术职务评聘和绩效考核标准，加强创新创业教育的考核评价。配齐配强创新创业教育与创业就业指导专职教师队伍，并建立定期考核、淘汰制度。聘请知名科学家、创业成功者、企业家、风险投资人等各行各业优秀人才，担任专业课、创新

创业课授课或指导教师，并制定兼职教师管理规范，形成全国万名优秀创新创业导师人才库。将提高高校教师创新创业教育的意识和能力作为岗前培训、课程轮训、骨干研修的重要内容，建立相关专业教师、创新创业教育专职教师到行业企业挂职锻炼制度。加快完善高校科技成果处置和收益分配机制，支持教师以对外转让、合作转化、作价入股、自主创业等形式将科技成果产业化，并鼓励带领学生创新创业。

(三) 健全创新创业教育课程体系，强化创新创业实践

加强创新创业教育课程体系建设。各高校根据人才培养定位和创新创业教育目标要求，促进专业教育与创新创业教育有机融合，调整专业课程设置，挖掘和充实各类专业课程的创新创业教育资源，在传授专业知识过程中加强创新创业教育。面向全体学生开发开设研究方法、学科前沿、创业基础、就业创业指导等方面的必修课和选修课，纳入学分管理，建设依次递进、有机衔接、科学合理的创新创业教育专门课程群。各地区、各高校加快创新创业教育优质课程信息化建设，推出一批资源共享的慕课、视频公开课等在线开放课程。建立在线开放课程学习认证和学分认定制度。组织学科带头人、行业企业优秀人才，联合编写具有科学性、先进性、适用性的创新创业教育重点教材。把创新创业教育有效纳入专业教育和文化素质教育教学计划和学分体系，建立多层次、立体化的创新创业教育课程体系。突出专业特色，创新创业类课程的设置与专业课程体系有机融合，创新创业实践活动要与专业实践教学有效衔接，积极推进人才培养模式、教学内容和课程体系改革。加强创新创业教育教材建设，借鉴国外成功经验，编写适用和有特色的高质量教材。改革教学方法和考核方式。各高校广泛开展启发式、讨论式、参与式教学，扩大小班化教学覆盖面，推动教师把国际前沿学术发展、最新研究成果和实践经验融入课堂教学，注重培养学生的批判性和创造性思维，激发创新创业灵感。运用大数据技术，掌握不同学生学习需求和规律，为学生自主学习提供更加丰富多样的教育资源。改革考试考核内容和方式，注重考查学生运用知识分析、解决问题的能力，探索非标准答案考试，破除“高分低能”积弊。各高校广泛开展创新创业教育，将创业教育课程纳入学分管理，有关部门研发适合高校毕业生特点的创业培训课程，根据需求开展创业培训，提升高校毕业生创业意识和创业能力。各高校加强专业实验室、虚拟仿真实验室、创业实验室和训练中心建设，促进实验教学平台共享。各地区、各高校科技创新资源原则上向全体在校学生开放，开放情况纳入各类研究基地、重点实验室、科技园评估标准。鼓励各地区、各高校充分利用各种资源建设大学科技园、大学生创业园、创业孵化基地和小微企业创业基地，作为创业教实践平台，建好一批大学生校外实践教育基地、创业示范基地、科技创业实习基地和职业院校实训基地。完善国家、地

方、高校三级创新创业实训教学体系，深入实施大学生创新创业训练计划，扩大覆盖面，促进项目落地转化。举办全国大学生创新创业大赛，办好全国职业院校技能大赛，支持举办各类科技创新、创意设计、创业计划等专题竞赛。支持高校学生成立创新创业协会、创业俱乐部等社团，举办创新创业讲座论坛，开展创新创业实践。广泛开展创新创业实践活动。高等学校把创新创业实践作为创新创业教育的重要延伸，通过举办创新创业大赛、讲座、论坛、模拟实践等方式，丰富学生的创新创业知识和体验，提升学生的创新精神和创业能力。省级教育行政部门和高校将创新创业教育和实践活动成果有机结合，积极创造条件对创新创业活动中涌现的优秀创业项目进行孵化，切实扶持一批大学生实现自主创业。全面建设创业基地。教育部会同科技部，以国家大学科技园为主要依托，重点建设一批“高校学生科技创业实习基地”，并制订出台相关认定办法。省级教育行政部门结合本地实际，通过多种形式建立省级大学生创业实习和孵化基地；同时积极争取有关部门支持，推动本地区有关地市、高等学校、大学科技园建立大学生创业实习或孵化基地，并按其类别、规模和孵化效果，给予大力支持，充分发挥基地的辐射示范作用。明确创业基地功能定位。大学生创业实习或孵化基地是高等学校开展创新创业教育、促进学生自主创业的重要实践平台，主要任务是整合各方优势资源，开展创业指导和培训，接纳大学生实习实训，提供创业项目孵化的软硬件支持，为大学生创业提供支撑和服务，促进大学生创业就业。规范创业基地管理。大学科技园作为“高校学生科技创业实习基地”的建设主体，把基地建设作为园区建设的重要内容，确定专门的管理部门负责基地的建设和管理；加强与依托学校和有关部门的联动，共同开展大学生实习实训和创业实践。有关高等学校高度重视大学科技园在创新创业人才培养中的作用，出台有利于大学科技园开展学生创业工作的政策措施和激励机制。

（四）改革教学和学籍管理制度

各高校设置合理的创新创业学分，建立创新创业学分积累与转换制度，探索将学生开展创新实验、发表论文、获得专利和自主创业等情况折算为学分，将学生参与课题研究、项目实验等活动认定为课堂学习。为有意愿有潜质的学生制定创新创业能力培养计划，建立创新创业档案和成绩单，客观记录并量化评价学生开展创新创业活动情况。优先支持参与创新创业的学生转入相关专业学习。实施弹性学制，放宽学生修业年限，允许调整学业进程、保留学籍休学创新创业。设立创新创业奖学金，并在现有相关评优评先项目中拿出一定比例用于表彰优秀创新创业的学生。

（五）完善人才培养质量标准，建立质量检测跟踪体系

制订实施本科专业类教学质量国家标准，修订实施高职高专专业教学标准和

博士、硕士学位基本要求，明确本科、高职高专、研究生创新创业教育目标要求，使创新精神、创业意识和创新创业能力成为评价人才培养质量的重要指标。相关部门、科研院所、行业企业要制（修）订专业人才评价标准，细化创新创业素质能力要求。不同层次、类型、区域高校结合办学定位、服务面向创新创业教育目标要求，制订专业教学质量标准，修订人才培养方案。省级教育行政部门和高等学校建立创新创业教育教学质量监控系统。建立在校和离校学生创业信息跟踪系统，收集反馈信息，建立数据库，把未来创业成功率和创业质量作为评价创新创业教育的重要指标，反馈指导高等学校的创新创业教育教学，建立有利于创新创业人才脱颖而出的教育体系。

第二节 企业法律风险防范

企业从设立到成立到经营运作都面临着各种法律风险，企业法律风险主要包含企业性质本身具有的法律风险、融资法律风险、劳资人事法律风险、合同管理法律风险、知识产权法律风险等，作为创业者首先应该识别各种法律风险并采取合适的方法规避。

一、创业法律风险的形式

（一）企业性质选择及其法律风险

不同的企业会有不同的性质，最核心的在于承担责任的方式不同，创业者在组建团队，设立企业时候会考虑公司的责任承担方式。对于大学生来讲，一般初创型企业规模小，有的采取合伙形式，有的采取有限责任公司形式，有的选择个人独资企业或者个体工商户。有限责任公司形式设立方式较为复杂，但是出资者依据出资额为限承担有限责任，减轻了出资者的经营风险。合伙企业的合伙人一般情况下承担无限连带责任，经营风险较大，由于其设立方式简单灵活、税负轻、受资本限制较少，深受大学生青睐。但是，这种方式却因为合作伙伴属于人和性质的企业，人和人关系密切，一旦合作者利益之间出现纠纷矛盾，很容易导致企业解散，不利于企业的长远发展。这些都是在创业形式选择时可能会面临的法律风险。

（二）企业融资法律风险

大学生创业普遍缺乏资金，通常会选择不同的融资方式。不同的融资方式性质不同，融资者承担的责任不同，面临的法律风险也不同，根据融资方式的性质可以分为债权性融资和股权性融资。比较典型的债权融资是银行贷款，银行和初创企业之间是债权债务关系，银行放款条件较高，一般要求企业提供抵押或者担保，而对于初创型公司来讲，规模较少，资产较少，一般提供不了信用贷款。由于银行贷款是要按期支付银行利息，增加了企业的财务风险。股权性融资不需要归还本金和利息，投资人可以出钱也可以出智力，有利于规范公司治理结构，促进公司长远发展。但是，投资人对公司享有股权，能够分享企业利润并承担管理责任，投资者以红利形式分得企业利润。对于其他融资方式当前网络上出现很多短期融资贷款模式，由于监管力度不足、平台运营规范等问题，导致贷款被平台套牢、利息较高等现象屡见不鲜。鉴于此，大学生创业者可以首先选择股权性融资，以及向商业银行贷款，尽量不要考虑网络平台较高利息的融资方式。

（三）劳资人事的法律风险

我国对劳动者权益保护尤为重视，保护劳动者的合法权益不仅是《劳动法》的要求，也是企业方应尽的义务。大学生创业者选拔录用劳动者应遵守劳动法的要求，录用后签订具有法律效应的劳动合同，员工离职则解除劳动合同。劳动合同是维护双方权益、避免劳动争议的重要文件。大学生创业者应按照劳动法的要求为员工缴纳社会保险，不得拖欠员工工资，否则有可能面临劳动行政管理部门的处罚的法律风险。对于从事长期出差的员工，应该购买商业人身意外险，防止出现由于工伤引起的民事赔偿的风险。

（四）合同管理的法律风险

合同是企业发生外部交易的双方或多方权利义务的载体和证明，稍有不慎也更容易诱发创业风险。从合同签订的主体上来讲，容易出现对合同签订主体资格审查不严的风险。在签订合同之前，应严格审查法人或者及其代理人的法人资格、商业信誉、经营范围、履约能力等内容。从合同生效条件来讲，我国《民法典》只保护具有法律效力的合同，若签订合同，但却不具备法律效力，仍不在法律的保护范畴。从合同履行过程来讲，合同履行方式、履行期限、履行地点及标的物不明确，合同双方未按照合同约定履行义务等，均会导致合同的违约责任。从争议解决的方式来讲，在签订合同时，应准确、清晰地约定合同违约的处理办法，是采用仲裁，还是采用诉讼方式来处理违约，并且语言表述要清晰明了，以免发生歧义导致双方的理解不同，从而引发风险。

（五）知识产权的法律风险

知识产权主要包括专利权、商标权与著作权。当前，网络服务、软件开发等高科技项目备受青睐，但这些项目也极易引发知识产权法律风险。大学生创业者一是不清楚自身拥有哪些知识产权；二是不知道用何种法律手段保护知识产权；三是不了解竞争对手的知识产权，进而也无法采取有效的权利保护手段。作为信息时代背景下一种无形资产，知识产权极易遭受侵害，应注意相关的法律风险。

二、创业法律风险的原因分析

（一）大学生创业法制环境不健全

国务院以及相关各部委已出台较多政策来促进大学生创新创业，但是我国各省市在具体政策落实过程中出现较大差异。沪广江浙等沿海城市较发达地区配套制度体系较为完善，政府帮扶力度强、当地高校重视大学生创业工作、创业氛围比较浓厚；中西部地区政府在落实上级政策方面力度不够，配套的创新创业工作政策还不健全不完善，对大学生创业帮扶力度较弱，高校对大学生创新创业重视度不够，创业氛围不浓厚，创业的法治环境不健全。

（二）高校对创业法律风险教育缺位

我国高校创业相关法学师资力量不足，部分高校创业相关法学教师由思政课教师担任。这些教师没有经历过系统的法学学习，尤其是民商法、经济相关法律的学习，对于创业相关法律讲述不够细致，有些仅仅为理论概要，学生所学知识不具有实操性，高校大学生创业法律教师缺乏创业法律实践，不能有效的指导学生进行创业法律风险防范。创业法律风险防范相关教材数量不多、质量不高，高校缺乏有关大学生创业科研力量的投入。

三、创业法律风险防范

（一）构建全面的大学生创业法律制度体系

大学生创业法律风险防控的相关法律法规及指导性文件较少。为了适应我国的经济法律环境，大学生必须充分掌握与企业发展相关的法律法规，建立完善且符合实际情况的法律风险防范制度。首先要对企业的各项经营管理制度进行规范，使企业能够依法经营、明确权责、规范管理、有章可循，这是建立法律风险防范机制的必要条件。政府可考虑制定法律风险防控相关指导性文件，为大学生创业者成功创业提供充足的法律依据。同时利用互联网多媒体建立有效的法律服务平台为大学生提供法律信息服务。尤其针对税收减免相关政策、贷款的申请流程、财务制度的制定等，可以向学生推送政府对于小微企业制定的一些税收优惠政策。同时，为大学生创业者提供相关涉税服务，针对涉税咨询、发票领购、税务登记、减免审批等提供全过程服务，以帮助大学生创业者减少办税时间、办税成本。高校可以建立创业法律援助制度，为大学生创业者提供法律指导、法律帮助，解决大学生的后顾之忧。地方政府部门可结合实际情况建立完善的法律援助体系，选择经验丰富的律师或法学专家，为大学生创业者提供专业的法律援助服务。同时，高校也可挖掘专业优势，组建以法学专业学生为主体，法学教师或兼职律师为指导专家的法律志愿服务团体，提供法务支持。组建学生法律援助队伍，聘请校内法律教师和校外兼职律师作为专家顾问进行指导，为大学生提供创业法律咨询、专家预约、案例整合等服务，为大学生创业提供低成本的法律支持。

（二）完善法律教育课程建设

高校创业教育中还存在着诸多问题，尤其是在创业法律教育方面存在着诸多不足。高校应优化与完善创业法律教育，建立健全法律教育课程体系，将法律教育课程体系划分为通识型法律课程、创业法律能力培养类课程两个部分。通识型法律课程，其创立的主要目的是丰富大学生对于创业相关法律法规知识的了解与认识，使大学生更加全面地了解创业相关法律。能力培养型法律课程是引入创业法律类、风险识别与防范等内容，将之贯穿创新创业教育的全过程。对于能力较强的学生可以补充开设《中华人民共和国公司法》《中华人民共和国劳动法》《中华人民共和国知识产权法》《中华人民共和国税法》等课程，以提高创业学生的法律风险防控能力。

（三）提高大学生的风险防范意识

大学生创业过程中之所以出现法律风险，原因多种多样，主要原因便是法律风险意识较差。若要提高大学生风险防范意识，首先就是要识别出法律风险，只有能够轻松识别出法律风险，才能具有风险防范的意识，而识别出法律风险首要的就是具有风险防控的知识，风险防控的知识：一方面来源于理论的学习，所以要不断的学习法律风险防控的知识，全方面地了解经营管理中的法律风险，并且学习风险规避防范的方法；另一方面来自于法律风险防控经验的积累。而这个经验积累就来源于创业中的实践，只有经历过法律风险才能更好更深刻的理解法律风险。例如：在设立企业时，根据自身所从事的行业，及时申请营业执照、相关行政许可等。创业初期未订制公司规章制度、股权结构等法律性文件或者忽视法律文件内容，在对法律文件内容进行制订的时候，应明确相关人员之间的权利和义务。若是出现纠纷应及时拿起法律武器来维护自身合法权益。

第三节　创业法律素养的培养

市场经济是法治经济。在法治的保障下，各市场主体公平竞争、有序运行，作为一个大学生创业者，具备必要的法律素养对于成功创业具有重要的意义。大学生应不断地培养提高自己的法律素养，政府管理者应创造公平有序的法治环境，营造良好的法治氛围，为大学生创业保驾护航。

一、创业法律素养概念

法律素养是指对于法律总体理解的法律意识、法律认知、法律价值信仰。其中要求人们在掌握较为深厚的法律常识的基础上对于法律形成的尊敬守法，依法做事的价值信仰是其最高层次。不同群体的人对于法律的认知，有不同的理解和态度。原因主要是由于其自身的经历、教育背景、经济地位等外在或内在的因素，使不同群体对于法律产生差异化的认知。

二、创业法律素养现状

（一）政府营造的法治氛围不够浓厚

法治氛围的营造主要靠宣传。现在是互联网、自媒体时代，政府管理部门在法治宣传时仍然采用电视节目、电子报纸、宣传横幅等比较传统的宣传模式，广大普通民众则更多的把时间集中在短平快的信息接收方式上，很少选择较长的法治节目观看，这样就导致需求方式和宣传方式的不匹配和脱节：一方面大量的法治电视栏目在播放；另一方面收视率低，普法效果不明显。这不但浪费了宣传资源，而且没有取得应有的宣传效果。而针对非法学专业的广大大学生来讲，在大学里获取法学知识的渠道比较单一，主要靠选修课以及思政课堂获得，法学知识获取的量较少，进而影响到营造法治环境的青年群体量较少，法治氛围不够浓厚。

（二）高校对大学生法律素养的培育有所忽视

我国的创业教育起步较晚。自从我国开始大力提倡“大众创业、万众创新”以来，创业教育便提上了高校教育教学的工作日程，创业教育教材相继出版，创业教育的专业课与通识课也竞相开设。一直以来，高校在法律这一块的师资力量是相对比较薄弱的，尤其是多数理工专业和职业学校，这些院校的法律专业师资队伍建设力度更加的薄弱，即便是开设了相关教学，也只是由思政教师担任讲解，无法对法律知识进行深层次的讲解，仅仅停留在法律的浅表面。而且，由于思政教师自身法律知识掌握不够全面，教师也往往仅是根据教材知识实行教学，不能保证法律常识于学生潜意识上的渗透，影响教学质量成效。然而，对创业法律了解不足，只是以课本知识去指导学生进行创业，创业教育效果不佳。创业教学体系中对创业中法律知识与法律理论的讲解浮于表面，法律教学模式过于单一，更多时候也都是根据课本实行教学，文字阐述部分也过于刻板、浅显，课堂氛围相对比较差，使得学生学习的热情和专注力无法被激起。因此，学生学习成效自然而然不会得到明显的提升，导致教学效果差。

三、创业法律素养的培养路径

（一）政府要营造良好的法治氛围

我国积极推行依法治国，建设法治中国战略，法治建设取得巨大成绩，社会法制环境得到改善，社会法治氛围还有待提高。要创建良好的社会法治环境，不仅要完善法律运行流程，做到工作程序化，守法自觉化，坚决维护法律权威，还要为大学生营造好现代法治社会的舆论氛围，大众传播媒体和各种社会力量应进行广泛的法治宣传，在全社会形成“人人知法，人人守法”的社会舆论环境。政府各相关部门应为大学生创业者提供相应的法律服务，帮助他们防范一些常见法律纠纷、抵御法律风险，应积极开展普法进校园的活动力度，对于大学生创业者开展有针对性的加强法制教育和防范法律风险等相关法律知识的宣传。具体可以通过手机、数字广播、移动电视、网络直播等多种新媒体形式，对大学生创业相关的法律事务进行宣传，重点讲解大学生创业相关的优惠政策、法律法规，并开通交流平台供大学生创业者进行查阅、咨询、交流，以促进大学生创业梦想的实现，高校层面要进一步优化法律素养培养环境。政府相关职能部门通过其主管的新媒体平台，进行各类创业相关普法宣传，新媒体在信息的传递、交流等方面具备更强的时效性和互动性，创业中的信息传递与交流越来越多借助于网络新媒体。对于大学生创业者而言，新媒体既能产生积极的正面效应，也会带来一定的负面影响。因此，要客观分析新媒体对引导大学生创业所带来的机遇与挑战，并努力做到放大正面效应、降低负面影响。

（二）高校应强化学生法治教育

一是加强高校教师队伍建设。高校作为创业教育的主要实施者，是培育大学生的法律素养的主要阵地。创业指导教师队伍建设对于培养学生的法治精神具有重要意义。具备专业高资质的教师队伍，能够为教师、学生法律素养的发展奠定有力保障。二是加强创业大学生法律思维的培养，提升大学生创业的法治精神。法治思维是指按照社会主义法治的理念、原则，引导学生形成依靠法律知识去分析和处理问题的能力，使他们在创业过程中遇到复杂的社会问题时，通过法治理念去思考问题，并借助法律武器进行维权。法治精神是个人尊重法律权威、崇尚社会法治的良好精神状态。法治精神的形成能够有效地维护市场经济秩序的正常运转，规避不正当竞争带来的法律风险。三是课程设置上还要打破学科界限，对于法律知识的教学，鼓励非法学专业的学生进行选修与辅修，对于民商法、经济法等专门法律知识，可以在创业教育的必修课中根据学生报名情况酌情增加，为非法学专业的学生学习法律知识提供路径。四是创新法律基础课教学方法。通常来说，法律教学都具有课节少、内容不多的特征，应该将这些法律常识加入各学期的教学活动中，使法律常识能够融入到学生潜意识中，同时还应当使学生可以掌握民众权益方面的法律常识。在具体教学环节中，采用案例教学，鼓励学生自主明辨事件，以达到真正知悉法律常识、用法律常识维护自身权益的目的。五是强化创业教育理论与法治实践的结合。只有在法治实践过程中，才能把理论的学习充分在创业过程中进行运用，大学生才能够真正认识到法律的规范及对违法事件的制裁，认识到法律的公平正义性，进而增强大学生的法律意识。六是积极探索校企合作。将学生派送到企业中学习企业的管理经验，将企业管理人作为外聘教师向学生讲解企业运营过程，使学生能够将理论与实践相结合，提升学校创业教育的发展。七是倡导法律知识教育渠道的多元化。高职学生掌握必要的法律知识有利于学生顺利创业。例如可以采取短期培训和长期培训相结合，线上培训和线下培训相结合，系统培训和专业化培训相结合。系统培训是对学生进行全方位系统的法律知识教育。专业化培训是针对某一行业的法律进行培训，为了使学生更容易理解法律知识点，其教育渠道需要更加多元化。

（三）学生个体层面要主动提升自身法律素养

大学生创业者应主动学习相关的法律知识，充分了解我国的创业法律环境，提升自身的法律素养。第一、要树立良好的法律意识，将法律法规内化于心，遵循各项法律，认真学习与创业相关的法律知识，主动了解与专业活动相关的法律法规，深入领会其中的理念和要义让法律法规充实自己的头脑，内化于心，外化于行。第二、自觉获取创业法律知识。知识是指导行动的依据，认真学习法律法规是为大学生创业提供行为的依据和利益的保障。主动学习法律法规，增加法律知识的积累，是提升大学生法律素养的重要内容。大学生自身要积极学习法律知识，不仅从学校设置的课程体系中选修法律课程，还可以通过互联网手段在线学习法律的相关知识，丰富法律知识储备，提升学习法律知识的兴趣。深入了解学习我国法治社会建设的整体布局及战略举措，并积极投入到我国社会主义法制建设的实践中去。第三、重视用法能力的提升。大学生创业不仅要有正确的法律意识，丰富的法律知识，还要具有法律运用能力，在现实生活中自觉将法律赋予的权利应用到创业活动中去。懂得如何运用法律的武器来保障自身的合法权益。大学生创业者在创业活动中重视自身的用法能力提升，可以更好的在创业活动中防范一些纠纷和法律风险。第四、大学生创业者要提升自身的用法能力。要积极运用创业相关的各类法律知识去分析和解决创业活动中产生的纠纷和矛盾，不断提升自己对相关法律的理解、认识和运用的能力，为大学生法律素养的提升打下坚实的基础。

第七章　高校思政教育与创业教育生态协同育人研究

教育生态学是生态学理论在教育当中的运用，美国学者劳伦斯·克雷明（Laurence Remein）于1976年首次正式提出了这一理论。教育生态学理论自诞生以来，在推进教育研究的科学化、整体化系统性方面取得了很大的进展，有力地推动了教育理论革新和教育工作创新。近年来，党中央高度重视高校思想政治教育与创业教育，采取了一系列政策措施推动思政教育与创业教育发展，取得了长足进步，但依然存在着二者之间协同性不强、衔接性不够等问题。运用教育生态学理论，探究教育系统内部创业教育与思政教育的生态平衡，对于增强高校思政教育与创业教育两个系统的动态稳定，提升高校思政教育和创业创新教育的协同性与实效性具有重要意义。

第一节　立德树人：思政教育生态系统与创业教育生态系统的价值耦合

思政教育和创业教育虽然是两个独立的教育生态系统，但同为高校教育生态系统的子系统，在“培养什么样的人，怎样培养人”这个根本问题上是一致的。如果把整个教育作为一个大的生态系统，对于高校教育生态的任何一个子系统而言，其教育生态的内在功能体现在育人上，任何一个教育子系统都是围绕整体的育人目标而运行。本书之所以将思政教育与创业教育并论，就在于二者在教育的价值功能上具有一致性，从而具备了二者共建的根本前提。

近年来，习近平总书记在全国教育大会、全国高校思想政治工作会议、学校思想政治理论课教师座谈会等一系列会议中，反复强调了做好新时代高校思想政治工作的重要性、必要性、工作要求和方法。各级高校贯彻落实习近平总书记相关重要讲话精神，在思政工作的顶层设计、系统谋划、制度完善、平台创新等方面都取得了一定的成果，新的做法和经验层出不穷。创业教育应乘着新时代思政教育快速发展的东风，主动融入思政教育的生态系统，借助思政教育的平台资源实现自身的快速发展。思政课也要充分体现创新创业教育融入人才培养全过程的要求，主动更新教学内容，创新教学方法，为培养一支高质量的创新创业人才队伍作出应有的贡献。从教育生态的价值功能上来讲，二者在育人上具有如下的共通价值。

一、塑造时代担当

“只有在思想政治教育的价值引领下，才能把握创新创业教育的正确发展方向，实现创新创业教育的最终目标指向。”思政课教学要以习近平新时代中国特色社会主义思想为指导，讲清新时代的主要矛盾变化，引导学生把握新的时代特征，并将个人事业发展与新时代的特征紧密联系在一起，从而使当代大学生的创业行为与新时代的要求紧密结合起来。

从历史的纵向演进而言，新中国的成立使中国人民站起来，改革开放使中国人民富起来，新时代则是使中国强起来的时代。进入新时代，中国社会的主要矛盾发生了根本性变化，实现更高质量的发展和更高水平的共同富裕，解决发展不平衡不充分的问题是新时代各项工作的重点，大学生的创业行为也要与此相适应。从横向的国际比较而言，当今世界正处于“百年未有之大变局”，国家发展既面临巨大机遇，也面临前所未有的挑战。随着小康社会的全面建成和全面建设社会主义现代化国家新征程的开启，来自国内经济社会发展的高要求和国际竞争乃至打压交织在一起，使得新时代的创业机遇与挑战并存。

思政教育要承担起塑造创业者时代担当的历史使命，使当代大学生暨未来的创业者认真学习习近平新时代中国特色社会主义思想，掌握新时代建设社会主义现代化国家的思想武器，坚定理想信念，培育和践行社会主义核心价值观，牢固树立对中国特色社会主义的理论自信、道路自信、制度自信和文化自信，为新时代的创业者铸魂。同时，积极引导学生学习新时代的经济社会发展新要求，为把个人创业实践与国家发展大局紧密结合起来打下良好基础。

二、培养创新精神

习近平总书记多次强调，创新是一个国家兴旺发达的不竭动力，并指出要构建以企业为主体、市场为导向、产学研相结合的技术创新体系。当前，第四次科技革命方兴未艾，人工智能、量子科技、虚拟现实等技术蓬勃发展，技术更新迭代加快，在未来的国际竞争中取得优势，真正建成社会主义现代化国家，不仅需要国家层面加强顶层设计，而且需要激发市场主体活力，产生一批创新能力强的世界级企业。这就需要培养一批又一批真正具有创新精神的创业者和企业家。

在思政教育和思政工作中，要把培育大学生的创新精神摆在更加突出的位置。要从理论上讲清创新的本质；从文化上凸显创新是中华民族最深沉的民族禀赋；从历史上阐明中国共产党的百年奋斗史就是一部不断推进马克思主义中国化的思想和理论创新史；从现实中体悟要建成社会主义现代化国家，不能不创新，不得不创新，不敢不创新，正如习近平总书记所指出的，“创新驱动是形势所迫”。通过思政教育，真正使创新精神融入血液，为胜任新时代的创业工作创造前提。不单对于将来创业的大学生，实际上对于从事任何工作的人，创新都是极为重要的，要全面建成社会主义现代化国家，创新的要求无处不在。

三、涵养道德品质

无论是思政教育还是创业教育，都要全面贯彻党的教育方针，落实立德树人的根本任务。国无德不兴，人无德不立，创业无德不成。创业不单是一种个人行为，而且必然对他人、对社会、对国家造成影响。对于创业教育而言，要重点培养以下四种道德品质。

一是大力培养爱国主义精神。新时代需要的创业者，第一位的要求是爱国。对于当代青年而言，要坚定理想信念，“要以国家富强、人民幸福为己任，胸怀理想、志存高远，投身中国特色社会主义伟大实践，并为之终生奋斗”。在创业教育中，要逐步培养大学生的爱国情、强国志，并转化为创业的报国行。在中国的历史上，第一流的人物都是与国家民族的命运紧密联系在一起。放眼新时代，我们需要的创业是体现国家高质量发展和共同富裕要求的高质量创业。以爱国为基础，使自己的创业实践符合国家的需要，才是未来创业成功最重要的前提。

二是大力培养担当尽责精神。在社会层面，创业者需要担当尽责精神，创业越成功，越需要承担起相应的社会责任。2020 年 11 月，习近平总书记赴南通考察，对近代著名的状元资本家张謇作出了高度评价，指出张謇在兴办实业的同时，积极兴办教育和社会公益事业，造福乡梓，帮助群众，影响深远，是中国民营企业家的先贤和楷模。这为当代企业家应该成为什么样的企业家指明了方向。企业家不能忘记自己的社会责任，企业是社会的组成部分，企业的发展归根结底要造福社会、回馈社会。思政课教学中应大力挖掘张謇等近代民族企业家造福社会的典型事例，弘扬中国古代“达则兼济天下”的济世精神，在创业者的心中埋下造福社会的种子。

三是大力培养团队合作精神。随着当代社会分工的进一步细化和社会管理的规范化，任何人都无法掌握企业运行的所有专业知识，团队合作成为必然要求。当代企业在企业管理、财务管理、人事管理、科技、销售、法务、安全管理等方面都已经高度专业化，要维持一个现代企业的正常运转，需要各类人才团结合作。作为创业者要以团队合作的精神，处理好创业团队内部的关系，摒弃极端的个人主义和利己主义，追求合作与共赢。思政工作中要培养学生的团队协作精神，引导学生处理好宿舍、班级、社团和学习小组内部的关系。思政教学中要讲清团队合作的必要性，提倡分组学习，以团队合作的形式完成学习任务。

四是大力培养奋斗精神。习近平总书记强调，幸福是奋斗出来的。勤劳勇敢是中华民族的传统美德，自力更生、艰苦奋斗是中国共产党成功的重要精神因素。要成功只有奋斗，要创业也只有奋斗。思政课教学要进一步加大改革创新力度，打造金课，消灭水课，要引导学生树立奋斗精神，真正让学生忙起来，让学生知道要取得好成绩必须努力拼搏。

四、树立底线思维

选择创业，在很大程度上就是选择了一种不确定的未来。创业有成功的可能，也有失败的风险，底线思维的培养对创业者尤为重要。习近平总书记在党的群众路线教育实践活动总结大会上的讲话中指出，广大党员干部要“主动在思想上划出红线、在行为上明确界限”，这也是未来创业者要遵循的底线思维。一方面，要主动把创业教育的内容融入思政教育，提高大学生创业的知识储备，为大学生成功创业打好基础；另一方面，要加强心理教育、挫折教育，增强大学生的忧患意识，使学生能够经得起创业失败的考验。

要恪守底线思维，使大学生明白创业实践中哪些是不能突破的红线。一是要恪守国家民族底线。无论多大的利益诱惑，都要守住初心、守住底线，永远不能有危害国家民族利益的行为。如果这条底线守不住，那么创业实践越成功，其危害就越大；二是要恪守法律底线。法律是道德的最低要求，创业者应了解和遵守企业运行的相关法律要求，在法律允许的范围内开展自己的经营和管理活动；三是要恪守科技伦理底线。企业在进行科技创新实践时，要遵守科技伦理的相关规定，确保科技在造福人类的正确方向上稳步前行。

思政教育与创业教育要互促并进，同向同行，共同推动各自生态系统资源的优化配置，实现生态平衡。思政课要加强创业素质能力的培养，把培养创业素质作为体现思想政治教育实效性的一个重要体现。同时，要加强创业教育，就必须要加强思想政治教育，要把创业教育办成“培养具有良好创新创业素养的社会主义事业建设者和接班人的教育”。创业教育借助现有的思政教育资源，主动融入思政教育生态系统，可以为创业教育目标的实现和创业者素质的提高打好思想基础，从而使创业教育实现事半功倍的实践效果。

第二节 有机统一：高校思政教育与创业教育的生态意蕴

从生态系统平衡的视角观之，高校思政教育与创业教育既是一个独立的生态系统，相互之间既有区别又有紧密联系，同时二者又是教育生态和整体社会生态的一个有机组成部分。当社会生态系统对思政、创业等在人才培养中的地位提出更高要求后，改变了两个生态系统的能量流、物质流和信息流，无论是生态系统内部还是其与社会大生态的关联性都出现了变化。要处理好二者的关系必须认识到，二者既有差异性，又有相当大的重合性，具备共建共享共生共荣的生态基础。

一、高校思政教育与创业创新教育是教育生态系统的有机组成部分

习近平总书记指出未来30年，我们培养的人要能够完成“两个一百年”的伟业。这就是教育的历史责任。立足新时代，着眼“两个一百年”奋斗目标，要求我们以更高的历史站位和更强的历史使命感统筹做好思政课教学和创业教育。思政课是落实立德树人根本任务的关键课程，创业教育是提高高校人才培养质量的重要举措，二者共同处于培养新时代新人的时代要求之中，处于立德树人教育使命的规定之下。因此，无论是高校思政教育还是创业教育，都是整体教育生态的子系统，其共同的目标是立德树人，培育能够承担民族复兴大任的时代新人。

就教育子系统与社会大系统的关系而言，新时代思政教育与高校创业教育都是社会主义现代化强国建设的目标在教育领域的展开，均以立德树人为根本，是为实现中华民族伟大复兴的中国梦服务的。新时代思政教育的目标，一言以蔽之，培养担当民族复兴大任的时代新人。习近平总书记指出当代青年是与新时代共同前进的一代（2021年4月19日习近平在清华大学考察时的讲话）。一代人有一代人的历史使命、历史际遇，当代大学生的人生黄金时代，恰与“两个一百年”尤其是第二个一百年的奋斗目标有更大的吻合。当代大学生的培养质量，在一定程度上直接决定社会主义现代化强国奋斗目标的实现程度。思政课作为立德树人的关键课程，对凝聚当代青年力量实现中华民族伟大复兴中国梦具有重要意义。

当代中国的经济发展的主要特征之一，就是从高速增长阶段迈入到高质量发展阶段，创业教育也应当随之转型。创业不仅仅是解决就业问题的一种方式，而应该成为一种助推经济发展的重要手段。改革开放四十多年来，中国产生了一大批创业企业，这些企业在当前经济发展中已发挥重大作用。希望再过30年，中国在现有基础上能再产生一批能够体现社会主义现代化建设水平的、有利于国计民生的、走在世界前列的高科技企业。要实现这一目标，加强创业教育势在必行。

二、高校思政教育与创业教育各自构成一个完整的教育生态系统

教育生态系统是由教育的生态主体与生态环境组成复合与多元的整体系统。教育者、受教育者和各级各类教育机构构成教育生态系统的生态主体，教师、管理人员和学生通过管理、服务、指导、科研、教育、教学等关系形式联结起来，形成教育的生命共同体。

高校思政教育与创业教育各自具有完整的生态系统性。放在高校这一特定的教育空间中，高校思政教育的生态主体是教师、管理人员和学生，其定位是落实

立德树人任务的关键课程，师生以课堂教学为主要联系纽带，在青少年的拔节孕穗期作用于学生的思想，确保大学生成长为符合国家需要的人才，为大学生健康成长打下基础。创业教育同样具备生态系统的完整性，教师、管理人员和学生通过课堂教学、实践指导等形式，培育大学生的创业素养，为其将来成为新型创业主体做好思想和知识技能的储备。

实际上，高校所有部门、全体教职工都肩负着思政教育与创业教育的职能。专业课教师、教学行政人员都应该与思政教育和创业教育的要求同向同行，高校的任何工作人员都应该将自己视为教育生态系统的一个环节，从正面加强而不是从负面抵销思政教育和创业教育的成果。只有在思政背景下构建高校创业教育的良好生态系统，才能使高校创业教育真正取得实效，培养出符合新时代发展要求的高素质人才。

三、高校思政教育与创业教育具有紧密的生态联系

要解析教育生态系统，必须剖析其构成状况，按照教育生态学的观点，要研究一个教育生态系统主要从两方面着手：一是构成要素；二是结构，即要素与要素之间的关系。

近年来，在习近平总书记和党中央的高度重视下，思想政治理论课教学的构成要素有了很大的变化。首先是高校思政课教师队伍数量提升，结构优化。各高校按照 1∶350 的思政课教师配比要求，扩大了思政课教师队伍规模，目前全国高校共有 10 万名思政课教师大军，这为实现思政课教学目标提供了重要保障。其次是各级各类高校高度重视创业教育，创业教育成果丰硕，各类创业教育的优质课程逐步建立，各类创新创业比赛层出不穷，创业教育的发展有了广阔的前景。总之，无论是高校思政教育还是创业教育，都有了很大的发展。

从生态构成而言，思政教育与高校创业教育的一个最重要的关联是二者在对象和内容上的重合性。从教育对象来看，思政教育和高校创业教育面向的对象都是全体学生，涵盖所有专业和年级。无论是思政教育还是创业教育，其课程可能仅体现为某一阶段，但其要求都是贯穿教学始终的。从内容而言，思政教育与创业教育具有很强的重合性。一方面，思政教育当中蕴含着丰富的创业教育资源，中国共产党领导全国人民进行革命、建设和改革的奋斗史，本身就是一部艰难的创业史，其中蕴含着丰富的创业智慧，对于培养大学生的创业思维和创业能力具有极强的启发意义。思政教育中的经济、法律、文化、管理等方面的相关知识，也是大学生创业教育的宝贵资源，是大学生开展创业实践的必备知识。另一方面，创业教育又必须以思政教育的内容要素为基础。新时代的创业教育不仅仅是解决一般就业问题的手段，而是立足新时代的现实条件和要求，为形成一批符合高质量发展要求的现代高科技企业创造基础和前提。因此，新时代的创业教育必

须是，也只能是思政背景下的创业教育。

师资、内容和对象这些生态因子的重合性，构成了高校教育生态系统和创业教育生态系统的紧密联系和内在的一致性，在实践中存在统一谋划、系统推进思政教育和高校创业教育的可能性。

第三节 生态平衡：思政教育与创业教育的生态共建

思政教育与创业教育作为两个生态系统，是相互联系、相互制约、相互促进的。推动思政教育系统与高校创业教育系统的协调发展和动态平衡是优化高校教育生态系统的有效路径。以生态系统理念来谋划高校思政教育与创业教育，优化高校创业教育生态系统，在高校教育中围绕培养高素质的创业人才，协调与整合创业教育各要素及创业教育与其他教育之间的关系，形成和谐完善的创业教育氛围。同时，融入思政教育生态系统，让思政教育与创业教育在耦合中实现协调发展，构建高校创业教育自身的生态系统，实现生态系统的动态平衡和可持续发展。

一、加强学校思政教育与创业教育的顶层设计

实践证明，无论是思政教育还是创业教育都需要加强顶层设计。在思政教育方面，要不折不扣落实中央和省市教育部门关于思政课改革创新、高校思想政治工作和马克思主义学院的相关文件精神，切实推进思政教育取得实效。在创业教育中也要加强集中统一领导，各级教育行政部门在实际工作中，要进一步突出创业教育的重要性，加强对高校开展创业教育的业务指导。要明确目标，细化要求，分类指导，真正把中央关于创业创新的要求贯彻落实下去。尤其要对相关文件政策的贯彻落实情况进行专项巡查检查，确保创业教育的要求真正落地生根。

要加强党的集中统一领导，校党委会每年应专题研究思政教育和创业教育，学习其他高校的先进经验，查找自身存在的短板和问题。从学校层面出台加强思政教育和创业教育的相关文件，把加强思政教育作为创业教育的前提，把加强创业教育作为立德树人的重要抓手，明确校内各部门的具体工作内容和应当承担的责任，并纳入年终考核。要把加强师资建设作为重点，打造一支综合素质高、能力强、乐于从事思政教育和创业教育的师资队伍，同时集全校之力，建设一批理论水平高、实践针对性强的一流课程。要以学生为主体，对于有志于从事创业的学生，配备导师给予专门指导。全校要形成上下一心、合力推进思政教育和创业教育的良好氛围，从人力、物力、财力等多方面保障教育的顺利开展。只要各级学校真正从顶层设计上重视思政教育和创业教育，一定可以久久为功，取得理想的教育效果。

二、实现思政教育与创业教育的生态要素共享

各部门、各学院要进一步提升对创业教育重要性和必要性的认识。创业教育不是一般的知识教育，而是对于培养高素质人才具有全局意义的教育。应该承认，真正毕业后会去创业的大学生总是少数，但无论将来从事何种工作，要实现从一个大学生到社会主义劳动者的转型，创新精神、创业精神、奋斗精神等都是必备的精神品质，要从立德树人的思政高度来认识和重视创业教育。

重点是要实现教育生态要素共享，真正以强化教育要素、优化资源配置来实现育人目标。要实现师资、教育理念、教学目标、教学平台、教学管理等教育资源要素的共建共享，集中精力优化教育资源配置，防止教育资源的分散和浪费。要实现思政教育和创业教育的全覆盖，尤其在创业教育中，既不能把创业教育看作面向少数学生的事情，也不能简单地把创业教育视为解决就业问题的一个手段。高校创业教育应面向全体学生，全方位全覆盖全过程地推进创业教育。要以培养学生的创新精神、创业能力为核心，更好地激发学生的创业意识，提升创业能力，培育创业精神，提升学生素质。

三、实现思政教育、专业教育与创业教育的有机融合

目前，大学培养人才的基本方式是专业教育，这是几百年来现代大学培养人才的基本方式和基本经验，应该说是符合人才培养规律的。创业教育的开展并不是要打破现有的人才培养模式，而是现有人才培养模式的理念转化和方式多样化。随着我国大学扩招和社会主义市场经济的快速发展，原有的专业化教育体系下培养的人才未必适应市场经济的发展要求，甚至有的专业从市场需求而言人才培养已近饱和，实现教育理念转型加强创业教育是为学生提供更多的选择和更大的可能性。

要加强课程思政建设，实现思政教育与专业教育的有机融合。近年来，各地高校大力推行课程思政建设，充分运用专业资源中的思政要素，加强对大学生的思想教育。应该说课程思政是一种有效的探索，在很大程度上拓展了思政教育的领域，增强了思政教育的专业深度，思政课程与课程思政的有机结合，增加了思政教育生态系统的要素，有利于思政教育的生态系统优化和良性发展。

要推动创业教育与专业教育的有机融合，尤其是各学院在专业教育中要有创业教育的意识，同时为创业教育赋予专业教育的底蕴。专业教育必须不断强化，专业知识对于学生创业具有非常技术性的作用，当代社会创业的门槛越来越高，没有深厚的专业知识积累很难赢得市场。同时，要以创业教育的视野审视现有的专业课程体系，在专业教育中进一步拓宽视野，拓展知识面，了解本专业知识在市场和社会上的运用，未来有可能会有哪些增长点。抓住各院系近年来重视课程

思政的契机，在课程思政的课程和内容设置上增加创业教育的内容。要进一步加大实践教学力度，在有些课程中允许学生以创新创业成果等形式申请实践学分。

四、进一步加强创业教育平台建设

创业教育是一个系统工程，需要校内外多部门协同推进，需要诸多专业的知识融合，也需要社会多元主体参与。“创业教育的实践性也决定了它不仅仅是学校的事，还需要得到社会、企业等外部创业支持机制的支持。”（见参考文献[108]）要实现高质量的创业教育，需要学校层面积极主动搭建平台，引导校内外乃至国内外优质资源投入到创业人才培养中来。要统筹运用好专业资源、学校资源、校友资源、企业资源、社会资源、国外资源，把这些优质资源汇聚到一起，形成创业教育的良好生态资源，打造出创业教育的和谐生态系统。思政教育可以自身独有的优势参与创业教育平台建设。思政类课程本身理论性较强，学生实践的机会较少。要在思政教育中，推动学生参与创业教育平台建设，参与创业教育实践。

从近年来的经验来看，以赛促教是一个比较好的抓手。创新创业教育本质上是一种素质教育，高校创新创业教育的核心是育人，创新创业教育的成果在于学生综合素质的提高。通过组织参与各种竞赛活动，打造团队，汇集创意，凝聚力量，在和其他团队的竞赛中寻找差距，提升自身水平。大学生创业的各类竞赛活动是大学生创业的实战模拟，可以积累经验，有力地提升创业质量和创业教育水平。有条件的高校可以组织或者联合同类型院校组织相关的大学生创业竞赛活动，没有条件的高校可以积极组织本校学生参加其他平台上的相关竞赛活动。

五、营造良好创业文化氛围

一所高校的校园文化对于大学生的培养至关重要。可以说，一所一流的高校一定有一流的校园文化。近年来，学界对于创业文化的重视日益提升，认识到“创业文化能在高校师生的学习与生活中形成特有的文化氛围，对其创业观念与行为产生潜移默化的影响”（见参考文献[110]）。应该说创业文化本身是立德树人的内在要求，是校园正能量的重要组成部分。要把营造良好的创业文化氛围作为开展创业教育的隐性教育手段，对学生创业意识的培养造成潜移默化的良好效果。一是要充分挖掘校史、校友中的创业文化资源，在校园文化的大环境中给予积极呈现。校史、校友中的创业故事，对本校学生具有很强的激励作用，要通过校史馆、展览馆等平台，将本校的创业文化资源集中展示出来，这既是对大学生的思政教育，同时也是创业教育；二是要积极组织各类文化讲座，使学生感受到正能量的熏陶，也形成了创业文化的浓厚氛围，学习到创业知识技能；三是要积极承办各类竞赛活动，开拓学生创业视野，激发学生的创业热情，激发学生的奋斗精神。

总之，要打造思政教育与创业教育两个生态系统的良性互动关系，实现互促共进。思想政治理论课是落实立德树人任务的关键课程，创业教育是落实立德树人根本任务的重要举措，在培养高质量人才方面都具有总体性全局性的意义。要通过处理好思政教育与创业教育的关系，在强化思政教育与创业教育的前提下实现教育系统的动态平衡，落实立德树人使命。各级各类高校要高度重视，多管齐下，久久为功，真正将立德树人的要求落实到教育工作的各个子系统当中，为建设社会主义现代化国家作出应有的贡献。

第八章　高校创新创业教育融入思政课程耦合机制研究

创新创业教育简称“双创教育”，是近些年教育界较为时新和流行的教育教学理念，主要提倡大学教育应当注重创业和融资教育，以此提升大学生进入社会的适应能力（王国鹏等，2020）。我国创新创业教育是由西方创业教育理念过渡发展而来，其间经历了理念落地、方法调适和灵活运用3个阶段，其重要性和影响力不言而喻。我国高校思想政治教育课程作为一门必修课，既是扎牢意识形态领域和思想教育领域“篱笆”的重要抓手和有力手段，更是促进高校大学生职业能力提升和创新意识培养的主舞台（张迪，2014）。进入社会后，高校大学生将会面临社会就业和生存发展的抉择，创新创业教育是在校期间提升其全面能力的重要手段和良好契机。当前，各大高校主要立足于对双创教育的理论和方法开展相关研究，致力于将创新创业教育的理念和思维方式传递给学生，对双创教育的实践性和操作性具有一定侧重性，培养学生长期发展的意愿较为强烈。溯其根源，双创教育在国内的兴起受到国际和国内整体局势的影响，从而引发大学生教育从注重科研教学到注重创业创新教育的转向，其背后与市场环境密切相关。与西方双创教育的成果与实践相比，我国双创教育起步相对较晚，成果的积累需要时间的沉淀，实践内容也主要集中于近几年。总体上，国内双创教育已经从初步实践实现了向体制机制的完善，更加强调对学生专业技能和创新能力的培养。与此同时，高校思想政治教育既是一项常规性的思想教育工作，更是寓双创教育于内、将之有机结合的良好机会。探索双创教育与思想政治教育课程协同育人机制，是对双创教育与思政教育内在耦合机制的实践探索，对大学生整体性教育和素质提升具有重要意义。

第一节　双创教育的显著特征与价值意蕴

关于双创教育的内涵与特征，学界大多倡导其为素质教育的新方法和新理念，与高校大学生通识教育和专业教育的初衷相吻合。双创教育以其多元性和包容性的教学理念，融合教育学、心理学、技能学以及创新教育法，全面提升大学生的创业能力和社会适应能力，以此作为社会人力资本积累的保障（罗浩，2020）。显然，双创教育以培养创新能力和创新思维为根本遵循，以提升创业效能为根本目的，最终立足于市场需求和人才储备，以此打造培育人才与素质教育协同并进的育人新模式。双创教育通常具备创新性、探索性、实践性的基本特征，以此帮助高校育人过程中排除重理论轻实践、重书本轻思考等教育方式弊端，塑造符合市场需求和企业发展的综合性创新人才。除此之外，双创教育同样具备满足市场用人需求、符合企业发展规律、提升人才综合素质以及打造符合新发展理念的价值尺度，从而更好地服务国家经济社会的全面发展。

一、双创教育的显著特征

（一）创新性

双创教育，其核心理念就是创新教育。创新教育既包含大学通识教育的方式方法创新，更包含对大学生创新思维和创新能力的培养。创新是一个国家之本，同时也是我国新时代五大发展理念之首。大学生作为祖国的未来，关系到社会人才供给和现代化建设成效。大学作为学生进入社会前的孵化平台，更加肩负着创新教育的重任。双创教育自国外传入国内，主要就是要解决我国高校出现的照本宣科和一成不变的教学模式，以及极易出现与市场、与社会脱轨，使得学生进入社会缺乏创新能力，影响企业经营管理和社会综合发展等问题。刚毕业的大学生通常都略显稚嫩，但作为企业和社会发展的新鲜血液，大学生的创新能力决定了其日后的学习能力和寻求更高发展的扎根能力。创新能力的体现主要与新的观点、新的做法的迸发相关，要有勇于向一成不变提出质疑的勇气和魄力。双创教育以创新为教育出发点，以培养学生创新思维和创新能力为重要抓手，以此满足企业和社会发展的创新需求。

（二）探索性

双创教育具备的探索性特征是创新能力和创新手段的外在延伸，关系到实践层面的具体工作。当前，国外关于双创教育的最新成果主要有师徒帮带制、学徒制等体制创新，立足于校企合作和实践培训，以此打造大学生的社会适应能力。其实，双创教育模式并非一成不变，也非单一单调的单主线人才培养方式，而是具备探索性和灵活性的特征。主要体现在双创教育的丰富的开展形式、多样的培养方案以及贴近实际和人性化的培养理念。但实际上，探索性的特征与现实问题紧密相连，主要体现在塑造团队协作的教学过程，打造以老师为代表多名学生为组员的学术团队建设，以专业方向和兴趣爱好为联系纽带，充分发挥老师带头和学生参与的协作互助作用，全面构建团队内部社会热点、职业动向和个人兴趣有机融合的动力提升机制。除此之外，双创教育的探索性特征还体现在培养学生提出问题、发现问题、解决问题的意识和能力，体现在模拟企业管理和社会择业情境教学，帮助学生探索个人潜力、发掘自身动力，实现自我素质的提升和个人的全面发展等方面。

（三）实践性

企业和社会对人才的选拔并非单一以掌握理论知识的多少作为参考依据，而是立足大学生的综合素质的考察和挖掘为基准，尤其重视学生的实践性和操作能力的考察。双创教育以创新为核心理念，以创业为功能指导，就是要解决大学生进入社会择业能力和个人发展的相关问题。与之相对应，我国大多数大学或多或少存在重视理论教学和书本教学的现象，对实践操作和专业知识的灵活运用缺失相关实践和指导，造成高校人才培养机制与企业实际需求相脱节。进入社会或企业后，大多数大学生仍然需要面临二次学习和深入学习的过程，增加了企业的用人成本和社会风险。双创教育的实践性主要具有彰显社会应用和解决问题的实用特征，在教学过程中主要以构建相关教学科研团队和社会实践团队为基础，搭建学校与企业、专业与实际应用相契合的实习见习模式。尤其在企业管理、企业运营知识的教学上，不仅限于书本理论教学，而是以实习岗位为抓手，推动大学生主动与社会接轨、与企业接轨，以此提升大学生进入社会的综合素质。

二、双创教育的价值意蕴

（一）推动大学生个人素质的全面提升

双创教育的出发点与落脚点就是实现大学生教育的创新发展，从而全面推动大学生个人素质的提升，拥有更好的能力适应未来的社会发展需求。在国外，双创教育大多立足高校科研院所、政府部门以及企业单位协同并进，推动大学生参与创新创业活动和各类人才培养活动，这也为国内培养人才提供了相关借鉴经验。大多数大学生的毕业出路是进入企业从事各类经营管理和技术开发等工作，专业从事科学理论研究的学生占少数。这也奠定了政府主导、学校倡导、企业配合的双创教育模式。推动高校大学生个人素质的提升主要基于个人素质的三个维度，分别为道德素养、职业能力、创新思维，三者共同巩固了大学生进入社会后的发展方向和进路（郑晓娜等，2020）。双创教育的核心价值理念是以人为本的教育教学，最终促进大学生在思想品德、职业能力和创新能力的全面综合发展。

（二）实现社会和企业人力资本的积累

双创教育的第二大价值理念即为社会和企业源源不断地输送拥有良好道德操守、职业能力和创新能力的优质人才，从而全面推进企业和社会的良性发展。社会用人和企业用工的理念即为创造足够的社会经济财富，实现个人与企业的互动式、协同式进步。双方在某个领域或某个方面存在利益不共同的问题，就会影响企业和人才的协同并进。双创教育立足创新理念和创业教育，在高校内部即培养一批拥有足够职业能力的优秀人才，减少了企业的用工成本，同时也降低了大学生进入社会面临的失业风险，共同巩固了二者的一致利益。双创教育以教育教学与方法，以学科建设、团队建设、实践训练为手段，为高校大学生创造参与企业实习和社会训练的机会和平台。部分大学生在实习见习期间即对未来职业规划拥有相关想法，并在此期间与企业建立深厚联系，为日后就业铺好道路，实现了社会和企业人力资本的积累，降低了用人成本和相关社会风险。

（三）促进高校教育社会需求良性互动

高校教学通常重视理论教学而轻视实践教学，但在毕业生去向统计时却十分关注就业率和升学率。大多数大学生进入社会就业是其必然去向，而企业和社会重视实践能力和创新能力的用人标准与高校重视理论教学的实际相脱节，从而增加了人才进入社会的学习成本和时间成本。当前，双创教育提倡高等院校与企业建立良性的校企合作机制，以学徒制和帮带制来实现大学生在企业经营管理和技术操作层面的有效实践。企业在大学生实习见习期间给予一定的工资待遇和生活保障，在保证学生人身安全和基本权利到位的基础上，实现职业技能培养和经营管理培训，在实习期间就可选拔一批对口的、合适的人才进入企业。学生毕业后，可以做到立即进入企业工作，降低了学校和企业双方的培养成本和用人成本，达到良性的校企合作和互动。双创教育通常采用协同培养模式、实践教学一体模式以及创新创业融合模式提升大学生的职业素养，搭建校企合作平台和实践见习机制，打破企业与学校、企业与政府之间合作的壁垒，推动双创型人才培养，为社会发展作出相应贡献。

第二节 双创教育融入思政课程的耦合问题

双创教育作为国外传入的新的教学理念在我国高等院校的广泛运用还不成熟。尤其在教学理念的把握、教学方式的探索、教学内容的设计以及教学机制的建立和完善上仍然存在一定问题与不足，这也制约了我国高校双创教育与思想政治教育课程的有机融入。思政课程在高校教学上占有重要比重，是教育引导大学生思想品德和核心价值观的重要课程。将双创教育融入思政课程本身属于思政课程创新范畴，如何保障思政课程质量以及双创教育理念的落地，面临着创新课程内容、建立相应机制以及修正纠偏等问题。

一、双创教育与思政课程教学目标的差异问题

双创教育注重大学生创新和创业能力的培养，提倡以创新理念为指引、创业能力为保障的双创推进机制。与之相比较发现，高校思政课程注重大学生思想品

德和价值理念教育，大多以理论教学和书本教育为主。在教学目标上，“双创”严格按照实践方式的打造，而思政课程则以课程考核为教学目标，二者存在教学方式和教学目标差异化的显著问题，这些问题主要集中在内外实践之分。传统的思政课程教学借助情境式模拟、参与式教学、互动式提问以及演讲比赛、知识竞赛等形式促进大学生对马克思主义理论、中国共产党史、中华人民共和国史以及中国传统道德文化的深入学习，而双创教育则注重外在实践的学习，即向社会学习，更加强调到社会、进企业、到具体岗位上的学习与锻炼。二者学习目标的差异造成对老师的专业要求不同、对学生的考察目标不同，影响到学生的培养方式和培养目标。

二、双创教育与思政课程教学内容的冲突问题

双创教育的教学内容主要依靠学生在指导老师的带领下，或者在教研团队的带动下，进入企业、进入社会，参与企业经营管理和各类实际的社会活动，在具体参与实践中，提升和培养自身的创新创业能力。在双创教育的内容带动下，大学生在实习和见习期间就能够具体接触事务性工作，对企业生产流程、管理流程、产品推广销售以及相关渠道、作用与价值做到熟悉和掌握，提升了大学生进入社会的适应能力。而思政课程的内容设计主要借助内部实践或者接触式学习的形式，对一些具体事务停留在表层的了解。例如，参加企业宣讲、义务考察活动、志愿劳动等，由于参与时间短、缺乏指导老师指引，对工作的具体流程停留在工作表面，进入社会后仍需加强各类学习，二者的融合存在显著的内容与课程设置冲突问题。大学课程的安排以学分安排为主，在教学内容和时间安排上不可避免有轻重缓急之分，这就容易导致双创教育与思政课程内容安排与教学方式的融入难等问题。

三、双创教育与思政课程教学实践的阻碍问题

双创教育的外在实践与深入实践形式需要占用大量的教学时间和教学资源。例如，在双创教育的实习和见习安排上，高校或者二级学院需要动用社会资源寻求与企业以及政府的有效合作，避免出现双创教学实践不到位的问题。双创教育注重创新创业，所以进入与大学生专业相关的企业需要建立多主体参与的形式。但实际上，高校在课程设置上通常会遵循传统的、常规的教学方案和方式，在实践合作的主体上难以寻找合适的合作伙伴。将双创教育融入思政课程作为一项创新性的教学方式，更加需要寻找合适贴切的合作主体，无形中增加了高校教务部门和教学改革的负担，对大学生的实践教学产生实质性的阻碍。双创教育与思政课程各自具备不同的教学方式，虽都注重实践教学，但内外实践的差异容易造成教师教学负担的增加、专业教师数量的缺乏，以及模糊学生参与具体实践教学的

任务（匡促联等，2020）。双创教育与思政课程在实践上的协同育人不仅是纸面的探讨，更应是教学改革议程的重要内容。

四、双创教育与思政课程教学机制的不健全问题

建立健全完善的教学机制是保障双创教育有机融入思政课程教学的重要手段，是制度层面的保证与操作层面的有力后盾。但在实际工作中，高等院校探究双创教育与思政课程协同育人机制时，通常面临组织领导、人才队伍、后勤保障、教学科研、特色办学等方面的困难。在组织领导层面，高校通常缺乏统筹领导二者融合的核心机构，各部门、各学院容易各自为战、分头办事，影响双创教育与思政课程融入工作的推进成效。在人才队伍建设上，双创教育的有机融入增加了特色人才招引的难度，对人才素质提出了更高的要求，尤其是对担任思政课教学的老师，不仅需要理论教学能力，还要具备实践指导和团队教学的能力，无形增加了高校引智工作难度（黄蓉生等，2014）。在后勤保障上，高校谋求社会合作、校企合作需要完善的后勤保障机制加以支撑，缺乏与政府、与企业的合作，就会影响最终的融合成效。最后在教学科研和特色办学上，双创教育与思政课程不同的教学模式需要高校在教学科研和特色办学层面建立完善的奖惩与考评机制，共同巩固办学成效。但在实际中，高校在自上而下制度体系建设上都存在管理体系的漏洞，尤其在双创教育融入思政课程协同育人的特色机制上，更需加强相关体制与机制的建立与完善。

第三节　双创教育融入思政课程的优化路径

双创教育在高校通识教育和课程教育中的应用可以提升大学生的综合素质和社会适应能力。与之相比，高校思政课程不仅要在思想层面引导大学生形成积极向上、成熟稳重的世界观、人生观和价值观，还要对大学生综合素质的提升肩负一部分工作职责。二者兼具对大学生教育的工作职责，同时在价值理念上也拥有诸多重合部分，所以将双创教育融入思想政治教育课程可以提升大学生的创新创业和思想道德水平，推动大学生课程安排和日程设置的科学化、合理化和有效化。双创教育作为一种教学新理念，从国外传入国内，需要经历一段本土化运用过程，从教学理念、教学内容、教学实践和教学机制上都需要进行耦合试验，以此提升二者结合的融入度与实施的可靠性，从而形成具有中国经验和中国话语的双创教育方式和一大批双创型社会人才。

一、提升双创教育与思政课程教学理念的耦合度

双创教育的核心理念是创新教育，其基本思路为以大学生创业为途径促进大

学生创新能力的培养，以此实现社会适应能力和职业能力的积累和提升。当前，我国大学生思政课程主要以讲好中国故事、传递中国正能量为基本工作思路，在课程设置理念上以社会主义核心价值观为主线贯穿其中（唐德海等，2020）。从整体层面上看，双创教育与思政课程的理念上存在思想教育与职业教育的偏差，但实质上二者互为一体，都是服务于大学生综合素质和思想道德水平的提升。高校思政教育以立德树人为根本理念，双创教育以培养大学生创新创业能力为根本指引，二者存在协同育人的耦合机制，在推动全程育人、全方位育人上共同巩固了我国高等教育的课程体系，均服务于我国高等教育的伟大事业。双创教育和思政课程教育首先要在教学理念上发现内在耦合的机理，才能实现课程内容、课程实践以及课程机制的全面耦合。而教学理念耦合的关键在于将双创教育与思政课程教育协同育人理念贯彻下去，以协同性、并轨式的方式推动高等教育的全面性、开放性和创新性水平，以此打造具有中国特色学科体系的高等院校教育理念与教育模式。

二、提升双创教育与思政课程教学内容的耦合度

双创教育与高校思政课程在理念上的耦合是协同育人的第一步，在教学内容上的耦合才能推进双创教育与思政课程的有效融合。双创教育大多侧重创新理念培养和创业方式培训，更多注重实践能力的提高，并将书本学习的理论知识加以运用，反作用于课堂教育，以此提升教育的有效性。思政课程大多以理论课程为主，在这一方面，需要将双创教育的课程内容有机融入到思政课程之中。首先，需要解决的是对大学生思想层面对双创教育的认识，从增强双创教育的认知开始逐步深入接触双创教育。其次，在思政课程内容上，将双创教育的实践方式和理论与实践的互动对大学生进行教学引导，增强大学生对双创教育的兴趣水平，打好其参加双创活动和双创实践的思想基础。第三，在对思政课程传统模式的创新上，以实践教学融入思政课堂，让大学生走出教室，在老师的有序引导下参加社会实践，增强其对劳动、对岗位、对乐于奉献的认识水平。同时，在对传统书本内容的突破上，增强对红色教育、理论教育和先进文化教育的课程占比，以创新实践推动双创教育与思政课程教育的内容耦合。

三、提升双创教育与思政课程教学实践的耦合度

双创教育的实践模式主要借助校企合作等方式促进高校大学生走出校门实习与见习，在与社会接轨的过程中认识社会、了解社会，在社会中寻找自身的人生追求和价值导向，避免在大学毕业进入社会后出现人生追求迷茫的状态。与之相比，高校思政课程的实践主要以红色教育、文化教育和理念教育为主，大多以参加红色主题活动为契机提升自身思想道德和对社会主义核心价值观的根本认同。

双创教育与思政课程的实践教学应当秉持思想育人和职业育人的双重理念，寓学于乐、寓理于学。创新开展红色文化学习培训班，将职业技能培训融入红色文化教学内容，以参与式或者互动式教学提升大学生的参与度，在学习实践中培养创新思维、增强职业技能，并且在其中受到红色文化、思想品德等方面的教育。当然，将双创教育与思政课程教育内容相互融合，首先要做的是创新教学方案和教学设计。这需要高校在教学安排和教务管理上提高创新设计的工作力度，在思政课程中提升实践教育的比重，以多种形式的考评体系促进二者的有机融合，从工作制度和管理体系上不断健全完善双创教育与思政课程教育的耦合力度。尤其是在内容占比、内容分类等方面，建立能够清晰划分创新创业教育的科学方式，促进高校思政课程精品课程、优秀实践课程的打磨，形成高校自身思想政治教育品牌，实现二者内容和形式的有效融合。

四、提升双创教育与思政课程教学机制的耦合度

推进双创教育与思政课程教学的有机融合需要建立一套行之有效的耦合机制、促进机制和考评机制。双创教育与思政课程的融合程度仁者见仁、智者见智，但打造一套运行良好的耦合机制需要以制度和规范加以整合，共同推进双创教育与思政课程教育的良性互动。第一，在课程融入的发起上，需要高校领导机构建立一套教学实践与思政课程打造的领导小组，以分管教学教务的领导统筹双创教育与思政教育融合全局，由高校教务部门与各级学院共同推进各项工作的落实。各二级学院要严格按照领导小组的要求制定教改方案，并召集学院师资力量与社会各界力量共同商讨方案的可行性，形成常态化、规范化、科学化的双创思政课程安排。第二，在工作落实上，主要依靠各二级学院与教务部门的合作推进，以创新性的教学方式开设思政课程，努力打磨思政课程实践，提高大学生的参与度与融入度。尤其在大学生对该项课程创新的意见上，听取老师与学生的意见反馈十分重要，需要建立一套高效及时的意见反馈机制与纠错纠偏机制，促进双创教育与思政课程融入的成效。第三，在工作推广和社会应用上，要将校企合作的工作层面推广至思想层面。企业一般以生产效益为主，但在涉及大学生思想政治教育方面，需要建立实习见习期的思想跟踪与意见反馈通道，及时掌握大学生思想动向与实践动向，提高思政课程下基层、进企业等服务功效。第四，在课后考评和实践考核上，要开展评优评奖等活动，调动教师与学生参与的积极性，保证双创教育与思政课程教育有机融合的实际效果。

第九章 “双创”背景下大学生公益创业社会支持体系研究

在“大众创业，万众创新”的背景下，大学生公益创业也迎来了发展的良好契机。大学生公益创业兼具个人价值与社会价值的同向共振，不仅在现实性上可以缓解大学生的就业压力，而且可以为市场及政府提供有益补充，在创业理想与实践的交互中持续推进社会发展。然而大学生公益创业作为一种全新的创业模式，在我国的发展时间并不长，各方面的实践还处于探索阶段，从其现实困境来看，尤其需要建立协调统一的社会支持体系。

第一节 背景把握：“大众创业，万众创新”的提出、本质及升级

伴随改革的不断深入，传统的投资、出口和消费这“三驾马车”对社会经济发展的推动日益乏力。整体上看，中国经济仍然保持较快增长，但总体增长速持续下滑，面临经济下行压力与社会就业压力。同时，改革开放四十多年来，虽然人民生活水平得到极大提升，但是发展的不平衡不充分矛盾依旧突出。因此，如何促使社会资源与财富更加公正平等自由地流动与再分配，也成为满足人民群众美好生活需要的题中之义。为此，必须积极进行经济转型，由要素投入增长向创新驱动增长模式转变，进而在全社会培育创业创新精神。党的十八大报告就明确提出要实施创新驱动发展战略，将创新作为关乎国计民生全局的重大战略任务。

一、“大众创业，万众创新”的提出

2014 年 9 月，李克强总理在夏季达沃斯论坛上首次发出“大众创业，万众创新”的号召。此后，李克强总理在不同的场合又多次阐释这一创新创业理念。2015 年 3 月，李克强总理在政府报告中进一步将大众创业万众创新作为推动中国经济发展提质增效升级的“双引擎”之一。他指出：推动“大众创业，万众创新”，有利于提高就业率和提高居民收入水平，有利于促进社会资源纵向流动以及维护社会公平正义，有利于培育和催生经济社会发展新动力。党的十八届五中全会则提出“创新、协调、绿色、开放、共享”五大发展理念，首次把“创新”

摆在国家发展全局的核心位置上面，继续深化并扩展了创新创业理念。

二、"大众创业，万众创新"的本质

国务院 2015 年 6 月颁发《关于大力推进大众创业万众创新若干措施的意见》，明确指出：推进大众创业、万众创新，是发展的动力之源，也是富民之道、公平之计、强国之策，对于推动经济结构调整、打造发展新引擎、增强发展新动力、走创新驱动发展道路具有重要意义，是稳增长、扩就业、激发亿万群众智慧和创造力，促进社会纵向流动、公平正义的重大举措。所以，不能把"大众创业，万众创新"理解为简单的经济活动，而是有着全局意义的发展方式的转变。

（一）"大众创业，万众创新"是落实创新驱动发展战略，凝聚群众创造力量的必然选择

创新是引领发展的第一动力，尤其是中国经济进入新常态，经济发展的内在支撑与外部条件都发生了深刻变化，面对伴随经济格局调整而带来的外部需求萎缩、日趋激烈的国际创新竞争以及传统人口红利的不断减少等，必须积极优化升级经济结构，主动加快经济发展方式由粗放的要素投入驱动而转向创新性驱动。为此，这就必须需要在坚持创新驱动战略基础上，进一步深化科技体制改革，培育全社会创新创业意识，不仅仅是要发挥好科技工作人员的中间引领作用，结构性的改革更要激发广大人民群众的无穷创造力。

（二）"大众创业，万众创新"是促进社会发展进步，满足人民美好生活需要的必然选择

经过改革开放四十多年的发展，人民生活水平得到极大提升，但同时由于在一定程度上收入分配制度不够合理、社会保障体系不够完善、地域发展不够均衡等因素，在一定程度上我国也面临跨越"中等收入陷阱"的挑战，改革红利亟须强力释放。早在 2013 年我国人均 GDP 超过 6000 美元，已经达到中等收入国家发展水平，目前仍处于跨越"中等收入陷阱"的关键阶段。而从国际经验上看，"中等收入陷阱"的跨越，必然需要优化升级经济结构，由此推动社会结构的变革，从而有利于打破利益藩篱，突破体制机制束缚，增强社会资源的流动性及财富的合理再分配，并进一步在追求社会发展良性持续发展的同时，实现个人的人生价值与追求。总之，"大众创业，万众创新"发展方式的转变，不仅成为经济发展新的增长点，而且有利于社会平衡而充分地发展，实现改革与发展红利的普遍共享。

三、"大众创业，万众创新"的升级

自 2014 年李克强总理提出大众创业万众创新以来，创新创业环境持续改善、

主体日益多元、各类支撑平台不断丰富、社会氛围更加浓厚，整体上取得显著成效。但目前我国经济正在由高速增长向高质量发展转变，对大众创业万众创新的发展也提出了更高更新的要求，同时也暴露出创新创业生态不够完善、国际合作不够深入、“双创”教育相对滞后、科技成果转化机制尚不健全及部分政策落实不到位等问题，必须高质量推动创业创新发展，从而进一步激发市场活力与社会创造力。因此，国务院 2018 年 9 月印发《关于推动创新创业高质量发展打造“双创”升级版的意见》，从着力促进创新创业环境升级、加快推动创新创业发展动力升级、持续推进创业带动就业能力升级、深入推动科技创新支撑能力升级、大力促进创新创业平台服务升级、进一步完善创新创业金融服务、加快构筑创新创业发展高地、切实打通政策落实“最后一公里”等 8 个方面以及相关 32 个具体措施上，对高质量推动创新创业升级发展做出了全面部署与安排。这也为探讨“双创”背景下大学生公益创业社会支持体系的构建提供了政策基础，指明了建设方向。同时也可以看到，创新创业本身作为一种关乎全局的发展方式的转变，必然是以政府为引导、市场为主体的全社会积极参与、共建共享的系统工程。因此，社会支持体系的建立与完善也是题中之义。

总之，当前我国经济发展进入新常态，必须要变革发展方式，推动创新驱动发展战略，在全社会大力培育创新创业精神，凝聚起广大人民群众的创造力量，在创新创业中实现社会发展及美好生活需要的同频共振。

第二节 现实分析：大学生公益创业的内涵、意义及现状

据统计，2022 年我国普通高等学校毕业生人数预计有 1076 万人，这是汇聚着最新知识与技能的专业人才，也是思想最活跃与开放的前沿群体，对于大众创业万众创新有着格外重要的意义。其中，大学生的公益创业作为一种义利并举的创业活动，在促进经济增长，提升就业情况及维护社会公平的同时，还可以进一步培养大学生创业者的社会责任感及正义感，不仅与大众创业万众创新的本质深度契合，而且在价值理念与精神力量上得以持续推动创新创业的落地生根，最终汇聚成社会发展的强大动能。

一、大学生公益创业的内涵

相对于商业性创业，公益创业是一个新兴概念。学界普遍认为，美国学者 J·格里亨利·迪斯（J·Gregory Dees）最早对公益创业进行定义，认为公益创业是个人或组织面向社会需要、创新组织形式、向公众提供产品或服务旨在追求社会价值的创业活动。我国公益创业研究中心则认为：“公益创业是指个人、社会组织或者网络等在社会使命的激发下，追求创新和社会效果，是面向社会需

要、建立新的组织、或向公众提供产品或服务的社会活动。”然而作为新兴概念，虽然学界已经从不同层面来界定公益创业，但目前仍未形成统一的标准化表达。就其特征来讲，整体上应含括以下 3 个要素：

（1）公益创业所关注的是市场及政府目前没有解决或暂未引起注意的社会需要。

（2）公益创业从其规定性与倾向性上以追求社会利益为主要目的，商业化操作的引用是为了持续地更好达到社会效果。

（3）公益创业表现出内在的明显创新性，它不是简单地复制已存在的创业组织及活动，而是必须以创新精神来创造新的服务、产品方式、价值来解决社会新涌现的问题，因为公益创业所关注的恰恰是政府及市场“空白”的一面。

因此，大学生公益创业也不同于一般的自主创业，它是有创业精神与社会责任感的大学生个人或群体，以满足社会需要、创造社会效益为宗旨，通过创新性的经营理念与运作方式，实现自身创业价值与社会价值有效统一的创业活动。

二、大学生公益创业的意义

大学生作为未来社会的生力军，不仅承担着社会建设的主要责任，而且凭借其活力与创造力，成为创新创业的重要主体。大学生公益创业兼具个人价值与社会价值的同向共振，不仅在现实性上可以缓解大学生的就业压力，而且与大众创业万众创新理念深度契合，成为创新发展战略的重要组成部分，以新产品、新方式、新服务、新治理满足新需求，为市场及政府提供有益补充，在创业理想与实践的交互中持续推进社会发展。

（一）有利于缓解大学生就业难的现实困境

一直以来，伴随着高校毕业生人数的不断增加，加之经济下行的压力，在一定程度上不可避免地存在就业难的现实局面。据相关统计，我国高校应届毕业生 2022 年预计达到 1076 万人，同比增加 167 万人，再创历史新高，新冠肺炎疫情下就业形势更趋复杂。为此，传统的“以就业为主”必须要积极向“就业创业并重，以创业带动就业”转变。其中，大学生公益创业相较于一般的商业创业，门槛较低，内容和形式更加丰富多样，社会需求量大，也无须承受过多失败风险，加之政府政策扶持，因此在市场前景、创业成功率及创业环境等方面更具优势，为实现大学生创业梦提供了全新途径。

（二）有利于凝聚全社会创业创新的智慧力量

大学生公益创业是以创新的方式与理念创造社会效益，既包括创业精神也包括推动社会变革的理想，因此无论在创业理念还是具体实践上，都天然具有创新的特征。尤其是大学生作为有知识有理想的社会新生力量，不仅可以通过实际的公益创业活动来丰富充实创业创新，而且可以借助公益创业社会效益的创造，以及大学生社会责任感的培养，在全社会唤起全民创业创新意识，凝聚起创业创新的智慧力量，持续推动创新发展战略的有效落实。

（三）有利于深化志愿服务品质助力社会发展

大学生公益创业本质上属于公益事业范畴，其目的是借助市场力量，通过创新经营管理模式与理念来创造社会效益、提供社会服务、解决社会问题。尤其是当前我国正处于社会转型期，大量社会问题不断涌现并亟待解决，政府公共服务在一定程度上不能及时的全覆盖社会需求。因此，作为公益服务与创业理想共同体的大学生公益创业，可以在一定程度上补充在社会服务上的市场失灵与政府缺失。

三、大学生公益创业的现状

公益创业近年来成为大学生创业的新风潮，据国内首部有关中国青年公益创业发展的《中国青年公益创业调查报告》显示，我国公益创业的创始人以青年为主，年龄结构主要集中在 18～30 岁，占总调查人数的 88%，其中 18～25 岁是创业的主要年龄段。调查表明，大学生在相当程度上已经是我国开展公益创业活动最为活跃的群体。“享玩儿童陪伴计划”“盲人助行计划”等公益创业项目不仅不断出现在全国大学生创业大赛上，而且也逐渐受到不少社会企业、社会组织的关注扶持，并得到广泛学生群体的积极响应。然而，大学生公益创业作为一种全新的创业模式，在我国的发展时间并不长，各方面的实践还处于探索阶段，不可避免地存在以下四对矛盾。

（一）主体创业能力与高校教育脱节的矛盾

公益创业对于大学生，不仅要求强烈的社会责任感，而且也要求更多更高的创业知识与技能。然而，高校在支持大学生公益创业时，往往伴有功利化的倾向，往往着眼于获得各类奖项，甚至在相当程度上存在比赛即终点的不良倾向。因此，既缺少对大学生公益创业氛围的营造，也缺少对大学生创业能力的持续培养以及支持平台的广泛打造，远远不能满足大学生创业需求。

（二）主体创业热情与社会舆论冷淡的矛盾

大学生公益创业引进中国时间较短，仍旧处于起步阶段，在理论与实践上仍未形成统一共识，至于宣传则更为滞后。因此，社会公众与社会舆论对于公益创业认识不清楚，甚至还存在一定的误解与偏见。例如，认为公益创业不靠谱、不稳定、太辛苦、前途不明朗，或者只是将其视为锻炼学生实践能力的一种途径与方式等。因此，在整个社会层面并未对公益创业有一个清晰准确的理解，而这种认识上的偏差又进一步阻碍大学生公益创业的持续发展，甚至是接受服务的群体中在一定程度上也存在着不信任，难以得到社会各界的响应与支持。

（三）主体创业实践与政府有效支持的矛盾

对于鼓励大学生创业创新，各级政府出台了一系列的政策措施，目前也已经建立起各类扶持平台，但总体上仍存在两个不足：一是在扶持大学生公益创业的过程中，自上而下烦琐的行政程序往往对其发展形成约束，导致大学生公益创业的积极性、创新性和个性化受限。很多情况下，大学生疲于应付政府下发的各种申报材料，甚至政府的监管者过多介入了公益创业项目的决策过程，严重阻碍了项目创新性的发挥。二是政府在一定程度上也缺乏对大学生公益创业有效的专项扶持。例如伴随第三方机构参与社会治理的不断开展，大学生公益创业组织在承接政府职能转移的公共服务实践中，政策上的限制困难重重。大学生组织规模较小、流动性强且经济基础薄弱，民政部门往往根据通行政策，不予注册登记，也就无法承接政府转移项目。

（四）主体创业情怀与创业资源不足的矛盾

大学生往往有着强烈的社会责任感与公益情怀，但就其自身来讲所拥有的社会资源较少，不足以支撑公益创业的持续发展。首先，大学生公益创业在一定程度上缺少必需的资金与人脉，限于学生身份与社会经验，筹集资金渠道匮乏，不能实现自我"造血"；其次，大学生公益创业也相对缺乏专业的运营团队与人才，无论是有效的组织管理体系，还是决策、执行及监督部门等现代企业治理结构，在一定程度上都没有健全起来，至于经营专业人才则更为缺乏。因此，往往陷入"积极创业—资金缺乏—人才外流—运营困难—公益性下降—创业失败"的恶性循环。

第三节　路径选择："双创"背景下大学生公益创业社会支持体系的完善

大学生公益创业以追求社会效益、创造社会价值为首要目的，本质属于公益事业范畴，在其角色定位上理应受到社会层面的积极支持。同时，从大学生公益创业的现实困境看，尤其需要更加积极地借助各方面的综合力量，从而建立起有效持续的社会支持体系。

具体到大学生创业社会支持体系，本身是一个多维系统。目前，国内学者将其基本上划分为三类：一是“主体论”，包括高校、政府、创业者、社会层面等几大主体；二是“要素论”，包括教育支持、政策支持、资金支持、孵化支持等几大要素；三是“系统论”，包括创业政策、创业技能、创业环境等几大子系统。本书对社会支持体系的界定，主要是从“主体”这一更具有现实操作性的角度出发，希望通过对高校、政府、社会及创业者四大主体功能发挥、权责界定与效果评估的具体透视与分析，从而进一步有效完善大学生公益创业的社会支持体系。

一、社会层面：形成支持和宽容大学生公益创业的环境准备

大学生公益创业作为正在发展中的新生事物，社会的认知接受程度较低，而且事实上存在着社会价值与创业风险的现实矛盾。虽然，公益创业以创造社会价值为首要目的，然而公益领域往往资本投入周期长且回报率低，因此市场经济下大学生公益创业成功概率较之商业领域要更低。为此，首先要在社会层面形成积极鼓励、支持、宽容大学生公益创业的舆论氛围。

一是要形成支持大学生公益创业的社会舆论氛围。积极营造“大众创业，万众创新”的良好氛围，要从解决就业、培养人才、服务社会、创新发展的角度，一方面鼓励引导更多大学生以强烈的责任感与创业热情投入到公益创业的浪潮；另一方面通过选树典型、媒体推介、政策宣传等形式，切实提升社会层面对大学生公益创业重要意义的认知与支持。其中，尤其需要积极营造创业者家庭的舆论氛围，父母的理解是大学生公益创业的最大支持。

二是要整合协同支援大学生公益创业的社会资源。从结果上讲，大学生公益创业较之商业创业成功率低，经济回报也相对较少，但公益创业的首要目的是社会效益，具有更大的社会价值，因此对于社会大众要对大学生公益创业中可能出现的暂时失败予以宽容，以实际行动整合社会资源鼓励大学生公益创业。其中，尤其要积极引导各类企业与大学生公益创业的合作与支持。企业是市场的主体，在资本项目对接、产业链条构建、产业项目融资等方面具有天然优势，然而由于大学生公益创业的不成熟与高失败，一般企业往往较少与之合作。因此，要着眼于服务社会与创新发展，引导企业与大学生公益创业的组织合作与优质资源共享。

二、政府层面：完善简单高效且具针对性的政策支持

对大学生公益创业的鼓励与宽容，不仅需要良好氛围的营造，更需要政策支持的保驾护航。为此，政府部门必须要进一步增强服务意识，完善政策配套，简化政策审批，发挥政策引导，从而提升政策的落地有效性与针对性。具体措施如下。

一是完善政策配套，加强协调联动。相关政府部门要进一步完善金融、财税、产业、平台等多方位的政策体系，并强化部门与地方各项政策的协调联动，对已出台的扶持政策及相关的其他政策也要重新梳理审视，相互抵触的要积极修改完善，从而增强政策的操作性、持续性与连贯性，形成合力，整体推进可靠制度保障。其中，尤其要聚焦资金不足这一首要困难，进一步强化创业创新投融资支持，通过加大专项财政投入、创业贷款担保降息、引进风险投资等方式，多种渠道加大大学生公益创业资金支持。

二是简化政策审批，优化政策执行。相关政府部门要进一步增强服务意识、简政放权，减少对大学生公益创业不必要的行政审批项目及申报材料，最大限度地不干涉创业内容本身，降低市场准入门槛，以主动服务精神激发创新活力。同时，要优化政策执行，认真落实政策涉及的相关细节问题，增强可操作性，确保政策落到实处。

三是发挥政策引导，提升市场环境。在支持大学生公益创业的过程中，还要处理好政府和市场之间的关系，也就是政府不应过严过细，而是重在发挥政策的引导作用与服务功能，尊重市场的资源配置的主体性地位，使大学生公益创业组织得以根据市场规律与需求自主选择创业方向与发展路径，从而真正成为成熟的企业与市场的主体。

三、高校层面：构建兼具公益性与实践性的教育体系

大学生公益创业的主体力量是人才的培养。但就目前的高校教育来讲，普遍存在培养方式单一、教育理念滞后、专业口径窄狭、平台不足等问题，以致大学生知识结构扁平，实践能力较低，不足以适应市场变化及创业需求。为此，必须要转变教育理念，优化顶层设计，积极构建教学、科研与实践三位一体的、兼具公益性与实践性的教育体系。具体措施如下。

一是转变教育理念，培育公益文化。我国高校目前的教育理念仍相对滞后，多倾向于传统知识性的传授，尽管近年来高校也在不同程度加强对大学生公益创业的支持，但往往伴有功利化倾向，并未真正认识到大学生公益创业的重要意义。因此，高校层面首先必须转变教育理念，从服务社会发展、提升学生综合素质的大局出发，将公益创业教育放在专业知识教育的同等地位，并在创业教育中积极培育公益文化，引导学生社会价值观的养成。

二是革新课程体系，加强师资建设。课程体系是培育学生能力的基础载体，但目前我国远未形成独立健全的“双创”课程体系。为此，必须要把创新创业能力课程纳入到整个课程教学体系，与专业知识有效融合起来，以学生的全面发展为核心，通过设计市场导向与能力需求相结合的课程内容，以及积极引进情景化教学模式、现代化教学手段等，增强学生的公益精神与创新能力。同时，要积

极选配、储备一批具有广阔知识视野与一定创业实践能力的优秀老师担任创业导师，并进一步形成规范的专业创业导师团队。

三是搭建实践平台，优化创业环境。大学生公益创业教育必须要贯彻理论与实践相结合的原则，通过搭建就业、学习与实践三位一体的创业服务平台，提高创业能力与成功率：包括提供政策支持，积极宣传及落实国家对于大学生公益创业的配套政策措施，并结合学校实际，出台鼓励公益创业的相关奖励政策；包括提供项目支持，通过强化校企合作、建设孵化中心、扩展实训基地等，引导学生积极储备、培育一批创业项目，进而在实践中锤炼本领，增强自信；包括提供资金支持，通过设置校内公益创业专项基金、募集社会资金的方式，为大学生公益创业提供必要的资金基础等。

四、个体层面：提升公益精神与诚信法律意识

大学生公益创业以社会价值为首要目的，公益性是其本质属性。打铁还需自身硬，从创业主体层面来讲，大学生必须首要牢固树立公益精神，并在专业知识与实践锤炼的有效交互中，尊重市场资源配置主体地位，增强诚信法律意识，提升创新创业能力。具体措施如下。

一是树立公益精神，投身社会实践。大学生作为有知识有理想的年轻群体，往往具有较强的社会责任感。然而，一些人在一定程度上也显示出“三分钟热度”的倾向，往往难以真正持续地坚持下去，创业率低下，或者在创业过程中偏离公益方向。为此，大学生必须在实践中不断树立公益精神，坚定社会责任感，锤炼自信自强的个人品质，把公益创业作为事业长久地坚持发展。

二是增强诚信意识，提升法律修养。公益创业本质上也是一种创业，这就必然需要遵守诚实守信与依法办事这两大市场原则。一方面诚信日益成为企业的立身之本，大学生必须培育诚信品质，依照诚实守信进行交易活动，以便保证公平公正与持续发展；另一方面大学生也要具备一定的法律素养，其中尤其要增强法律思维，也就是在公益创业的过程中按照法律的基本原则、精神与规定去思考和处理问题、化解矛盾，实现持续发展。

第十章　大学生创业案例

第一节　逐梦钱塘弄潮儿　创业引领“它”经济

王某祺，浙江某职业技术学院电子商务专业 2015 级学生，2016 年注册杭州有宠网络科技有限公司，2017 年进入浙江某职业技术学院梦想创业学院学习并接受创业孵化，为梦想创业学院成立初期“2+1”试点班首批学生，2018 年毕业。入选中国青年报社、KAB 全国推广办公室评选的 2019-2020 年全国大学生创业英雄百强。

一、幼时立志创业，铭记初心践行

习近平总书记在纪念五四运动 100 周年大会上指出：青年志存高远，就能激发奋进潜力，青春岁月就不会像无舵之舟漂泊不定。正所谓“立志而圣则圣矣，立志而贤则贤矣”。新时代的创业者更要争做有梦想、有责任、善感恩的新一代青年。

王某祺作为一名“95 后”，14 岁便立志创业。说起创业初心，他坦言，幼时看了很多商战题材的影视剧，例如《大时代》《创世纪》《笑看风云》《大宅门》《乔家大院》《聚宝盆》等。那时候，他被跌宕起伏的剧情、敢爱敢恨的人物、商业战场的传奇深深吸引，心潮澎湃，觉得自己有朝一日也要投入创业大军历经风雨，为社会做出贡献，不枉此生。

而王某祺从小就喜欢动物，养过猫、狗、乌龟、金鱼、蝌蚪、仓鼠、蚕、螳螂、蛐蛐等。和小动物的亲密接触，让他认识自我、了解自然、懂得照顾其他小生命，也成为了更有责任担当的人。所以，他想，如果能够将养宠融入自己的创业当中，就更好了。

进入大学后，王某祺在浙江某职业技术学院商贸流通学院学习的是电子商务专业。报考的时候他就计划着：当下互联网经济如此热门，如何从中分得一杯羹，实现自己的创业梦想。为此，他毅然选择了电子商务专业。

入学后，他也在寻求各种创业机会。除了参加各种创新创业比赛，王某祺在大二时就注册成立了杭州有宠网络科技有限公司，并因此有机会入驻学校创业园，进行项目孵化，且成功地在大三时进入梦想创业学院“2+1”试点班，成为中小企业创业与经营专业的首批毕业生。

"在创业过程中，如果说压力，我认为选择什么都不做是非常大的压力。因为，在此过程中受到的诱惑太多了，每个新概念都可以做出很大的东西。在商业上策略不是决定做什么，而是决定不做什么。"对他来说，梦想已然实现，如何走得更高更远更稳，是他需要不断前行和努力奋斗去实现的目标。

二、尝试兼职实习，累积创业历练

实践出真知。王某祺这位 95 后创业者，在刚上大学时就开始研究宠物领域。通过长期观察，他发现宠主消费时面临价格不透明、环境差、服务质量不高等痛点，就立志用"互联网+"思维解决这一现状，希望通过实践得到创业历练。

为了能够了解更多宠物行业的经营信息，大一起初他还去学校附近的宠物店里兼职，从点滴做起，做最简单的工作——洗小动物的看护笼子、为小动物洗澡、修剪指甲、搬运货物、向宠主普及养宠知识等，经常早出晚归，任劳任怨。

大二 19 岁时，王某琪便注册成立了杭州有宠网络科技有限公司。同年，"宠爱家"宠物团购 App 上线，合作商户 40 余家，服务杭州近万名养宠用户。大三他进入浙江某职业技术学院梦想创业学院学习并接受创业孵化，但他仍然觉得自己的创业经验不足。2018 年 3 月，他主动进入宠物行业独角兽企业波奇网实习，3 个月成为城市经理、6 个月破格升任大区经理。在为期 10 个月的实习期间，他积累了丰富的行业经验与管理能力。2018 年底，王某琪又创办了"宠爱家"新零售连锁宠物店。2019 年 7 月，"宠爱家"项目获华旦资本投资人数百万元天使投资。截至 2020 年，"宠爱家"构建杭州城北、城东、城西 3 家"线下体验店+线上商城"的初步生态模型，年整体营收 600 万元。2021 年"宠爱家"开放加盟，市场前景更加广阔。

三、调研产业背景，深挖行业痛点

2020 年中国城镇宠物（犬猫）消费市场规模达 2065 亿元，比 2019 年增长 2%。从宠物消费结构看，宠物食品消费是最大的养宠支出，宠物诊疗、宠物用品的增速最快。宠物食品消费（主粮、零食、营养品）在整个养宠消费结构中占比最高达 55. 7%。宠物行业是一个千亿级体量的庞大市场，以宠物服务技能交易为切入点，有着技术难度低、竞争对手少、前期投入少、盈利方式多样的优点。

通过长期观察与实践从业经验，王某祺认为现今宠物市场还存在较多痛点，他嗅到了宠物领域的商机。"当下大多数宠物店存在服务意识差、环境不合格、商品定价不合理等情况。"王某祺指出："很多宠物店经营者每天都埋头在清洗小动物上，单店的营收无法支撑宠物店对员工进行培养和科学管理。"但哪怕部分宠物店有意识地聘请了专业的宠物美容师，也会有美容师做了一段时间以后带走客户另起炉灶的风险。为了避免这一情况的发生，“宠爱家”设置了一套完整的员工培养机制。员工从助理“小白”平均培训 6 个月，通过指标考核成为独立美容师，再拿到相关证书成为资深美容师后，就有机会成为新店的店长，甚至享受门店的分红。

此外，杭州有宠网络科技有限公司始终执著地坚持着“让养宠更科学，让养宠更方便”的理念，通过对宠物服务资源的整合与筛选，将“宠物服务提供者”与“宠物服务需求者”紧密地联系起来，是省内唯一涉足利用信息技术向用户提供优质宠物服务信息的互联网公司。创业初期，团队成员与苏河汇、投哪儿等天使投资机构进行接洽，数名投资人对该项目表达出浓厚兴趣，最终“宠爱家”项目于 2019 年 7 月获华旦资本投资人数百万元天使投资。

四、创业教育引领，助推项目升级

王某祺的公司，是在学校创业园的一间办公室起步的。2016 年，王某祺和团队成员经过多次走访调研、团队探讨，经历数月的日夜奋战，终于取得了初步性的成果——成立杭州有宠网络科技有限公司，梦想从此启航。2017 年，宠爱家项目经过自主申报、专家评审、入园公示等程序，成为浙江某职业技术学院创业园试点孵化项目。

大三期间，创始人王某祺及其团队成员进入学校“2+1”创业教育试点班，在原专业 2 年学习的基础上，通过为期一年的创业知识专项学习与创业实践，采用理论、实训、创业活动相结合的方式，在独具特色的创业课程基础上，通过导师团队对宠爱家项目进行诊断指导、创客空间预孵化和部分资金支持，锤炼自己的领导、团队协作、商机捕捉、企业经营与风险处理等多方面的创业能力。

“宠爱家”虽然成立于大学校园，但发展迅速。2016 年，公司初创，在这期间创始团队专注于研究宠物营养、健康以及整个宠物经济的发展。2017 年，创业团队正式入驻创业园并进行专业系统的创业学习后，“宠爱家”智能宠物酒店解决方案提升效率明显，提高了宠物行业寄养员的工作效率和宠物师的收入水平。2018 年 12 月，“宠爱家”第一家线下新零售宠物店开业。杭州有宠网络科技有限公司随即和线下 40 多家专业的宠物店、宠物医院、训犬学校达成合作，结合线上招募的 100 多名有经验的养宠达人，将服务范围覆盖整个下沙地区。2019 年 7 月，公司获得华旦资本投资人数百万元天使投资。目前，“宠爱家”已创立连锁品牌，在杭州直营 3 家智能体验式宠物酒店，初步实现“线上导流，线下聚客”的新零售生态模型。

五、不甘小小成就，用爱反哺母校

“宠爱家”公司成立至今，取得了一些成就。2019 年，项目团队自主研发系列智能设备，获得专利授权5项、发表论文2篇、荣获各级奖项23项。通过应用智能设备、制订标准化的服务流程，提供安心、高效的智能宠物寄养服务。“宠爱家”项目2020年荣获第六届中国国际“互联网+”大学生创新创业大赛铜奖、浙江省“互联网+”大学生创新创业大赛金奖。2021年1月，“寻访2019—2020年大学生创业英雄100强名单”发布，全国共有18名高职院校学生上榜，王某祺在上榜的全国创业英雄百强中排名第三，在上榜的浙江高职院校学生中排名第一。

毕业3年来，王某祺的公司向母校提供了40多个实训岗位，公司现有员工中40%是母校毕业生，成为名副其实的母校实训基地。现在的他既是“宠爱家”品牌创始人，更是“宠爱家”店长、一名宠物营养师，还为校内提供勤工助学岗位，为那些希望通过自己努力实现独立生活或是刚毕业为工作迷茫的母校学子提供实践机会。

“梦想是需要不断追逐的。”王某祺说。“感谢国家对创新创业的政策支持，感谢学校给我提供了一个宽松的创业环境。在梦想创业学院系统的学习，让我进一步明确了自己的目标，并且拥有创业的专业知识与能力，我很幸运。”

随着我国全面建成小康社会，宠物经济作为朝阳行业大有可为，王某祺的创业之路才步入正轨。钱塘弄潮儿，逐梦正当时！

第二节 发现家乡好产品 成就电商创业梦

蔡某润是浙江某职业技术学院商务管理专业的一名2019级在校生，同时也是杭州尚润科贸有限公司总经理、杭州煜晨教育科技有限公司合伙人、宁夏睿色文化传媒有限公司合伙人，“‘油’爱而生——健康‘油’你决定”创新创业项目负责人，“第七届全国大学生创新创业大赛400强”、浙江省首届中国乡村直播赛银奖、杭州就业校园大使等50余项荣誉获得者。

一、从“西北学生娃”到“新时代大学生”

蔡某润来自于祖国大西北贺兰山下的美丽宁夏，家族数代人以生产销售亚麻籽油为生。2019年，怀揣“要让家乡的乡土珍品走向世界”的豪迈梦想，不顾亲友劝阻，他放弃入学本科院校的机会，前往电商行业发展势头迅猛的杭州，来到了浙江某职业技术学院求学。从高中到大学，从北方偏僻乡村到东部繁华都市，他面临角色、环境、生活的多重转变。

浙江某职业技术学院为他提供了广阔的成长空间和出彩舞台。在校期间，蔡某润认真学习专业知识，提升个人专业素养，积极竞选学生干部，作为学生会主席服务同学、锻炼自我；积极投身于实习实训及社会实践活动，提升自己的实践能力和积累社会经验；积极投身创新创业、学科竞赛、文化竞技、体育活动，致力于德智体美劳全面发展，大一至今他共获得50余项荣誉。在学习知识和实践锻炼的过程中，蔡某润快速成长，完成了从“西北学生娃”到“新时代大学生”的蜕变。

二、从“商场小白”到“双创赛手”

得益于国家“大众创业，万众创新”的政策指引和学校的培育扶持，蔡某润开始了自己的创业生涯。2020年7月3日，他带领团队入驻学校创新创业孵化基地，正式成立杭州尚润科贸有限公司，开始将创业梦想变为现实。他组建了一支来自校内外多样专业领域的学生团队，解决了8名校内同学的就业问题，并为15余名校内同学提供兼职岗位。

在创业初期，蔡某润遇到了三大难题：第一，南方市场对亚麻籽油的认知度不高，产品难以推广；第二，团队成员大部分属于首次创业，缺乏产品研发的专业知识和推广经验；第三，资金难以筹集，即使在项目中投入了团队成员的奖学金和兼职收入，仍然存在较大缺口。

在体会到创业的艰辛后，蔡某润选择在比赛中学习来弥补经验不足。在专业教师指导下，他以亚麻籽油为产品载体，从参加学校组织的创新创业大赛起步，经过市场调研、可行性分析、产品定位、市场细分、团队搭建、成本核算、运营模拟等一系列科学化、专业化“过程操作”。在教师引荐下，他还与浙江工商大学食品与生物工程学院教授和中科院相关院士取得联系，获得了制作和加工工艺方面的专业指导，受益匪浅。

修改比赛讲稿到凌晨四五点，睡2个小时后起床上课成了蔡某润生活的常态。在此期间，他带领团队相继获得学校组织的“挑战杯”大学生创新创业大赛第一名、“互联网+”创业大赛二等奖、梦创经济第一名，以及省级“挑战杯”三等奖等多项荣誉。

三、从“新销售探索者”到“新电商培训讲师”

在积累了丰富的比赛经验后，蔡某润对亚麻籽油的产品特征和消费市场特点有了更深的了解。亚麻籽油在南方滞销，首先是因为原料在南方地区种植难度大、得油率低，导致产品价格居高不下；其次是由于亚麻籽油作为功能性食用油，口感微涩、色泽偏暗、消费者接受度低。但与之相对的，亚麻籽油产品供小于求，市场潜力巨大；亚麻籽油富含人体所必需的α-亚麻酸，对孕产妇、青少年和中老年人等消费群体有极大吸引力。

2020年底，在杭州电商发达的大环境下，蔡某润抓住了抖音直播平台兴起的机遇，开始用拍摄抖音短视频和直播带货等线上形式拓宽销售渠道。最初他面对镜头难免有恐惧感，在介绍产品时语无伦次，并且对销售技巧不得要领。为了尽快掌握这项新技术，他在此后坚持每天开播 2 到 3 小时，哪怕直播间没有一个观众，他也积极地面对镜头互动。

经过一年多的钻研，蔡某润在直播带货领域取得了优异成绩。公司实现了亚麻籽油产品“产供在宁夏、销售在云端、产销双对称”，使家乡农产品不愁卖、更好卖，助力家乡脱贫攻坚与乡村振兴。亚麻籽油年销售额达到了 20 多万元，同时带动了地方特色产品如宁夏枸杞的销售，年销售额也在 2 万元以上。他带领家乡脱贫致富的项目获得了搜狐新闻、腾讯新闻和中国青年网等多方媒体的报道。

为了使自身经验惠及更多人，蔡某润成了抖音新电商相关知识的培训讲师。2021 年 8 月以来，受杭州市上城区市场监管局、人力资源和社会保障局、人才服务中心邀请，蔡某润为四季青服装集团旗下的商家做“互联网营销师”及“客户服务管理师”培训，将自身的“0-1 落地”实操经验对外分享。截至目前，该培训已开展 4 次，累计培训量达 350 余人次。2021 年年末，在杭州市人力资源和社会保障局、社会发展局牵头下，他作为讲师为杭州百年老字号企业“知味观”定期开展抖音新电商的培训以及知识的分享。在他的讲课及后续针对性指导下，多个直播带货账号的销售额实现了倍增，月累计销售额达到 3500 万元。

四、从“乡村振兴助力者”到“知识产权拥有者”

公司成立以来，蔡某润带领团队依托“互联网+平台+公司+运营”的优势，以直播带货、抖音等新销售形式将亚麻籽油送到“云端”。经过学校的精心孵化，公司成长迅速，商业模式渐趋成熟，经营方式更加多元，业务资源更加广泛，产品市场逐渐打开。

目前，公司与海尔、字节跳动、物美、艾惟诺、奥康、爱普诗、棉花堂、银平村、金裕、良品铺子等知名品牌公司开展业务合作。同时，该公司的发展也深受杭州市政府的关注，获得了相关资金的资助，特别是杭州市钱塘区给予的大学生创业资助资金，解决了他奋进的后顾之忧。

但蔡某润并没有被成功的喜悦冲昏头脑，他始终关注亚麻籽油的口感和得油率等问题。通过多次返乡实地考察以及总结生产管理的经验，他对亚麻籽油的制作提炼进行了技术创新，通过“低温冷榨+过滤+脱蜡工艺”“冷榨前置三保工艺”和“碎饼吸附法”，成功降低了生产成本，并且提高了亚麻籽油的口感和色泽度，使产品得油率和营养价值更高。

他将技术成果以知识产权的形式固定，在 2022 年获得了用于亚麻籽油低温冷榨的三项实用新型专利以及用于亚麻籽油质量检测的两项计算机软件著作权。

创业带动家乡发展，一直是蔡某润的情怀与梦想。回首求学创业路，艰辛并快乐着。创业过程中不断碰到新问题，促使他不断地学习、学习，再学习。学运营、学财务、学管理、学技术，“在学中做，在做中学，在学中成长，在做中积淀”成了他的工作常态。政府的创业政策扶持，为他提供了肥沃的创业土壤；学校提供的实战实用课程和创业资源对接，为他插上了“隐形的翅膀”，相信他定能大展宏图，圆梦之江钱塘！

第三节　术业专攻　稳扎稳打　共建体育强国

周某石，中共党员，乒乓球国家二级裁判员，2016 年进入浙江某职业技术学院，在计算机信息管理专业就读，是学校 2019 届优秀毕业生。在校期间，他成立注册杭州创乒体育培训有限公司，任执行董事兼总经理，2021 年公司被评定为“浙江省科技型中小企业”。

一、因为热爱，所以选择

周某石 7 岁开始练习乒乓球，中学时期代表学校参赛并获得市级冠军，大学期间经考核成为学校乒乓球校队成员，多次代表学校参加省级锦标赛，大学生运动会等。

大学学习的 3 年里，对周某石来说最难忘的永远都是在训练场的日子，那些汗水与梦想交织的学生时代。每当参加大型球赛前，他都需要进行大量的训练，为了不影响课程学习，周某石放弃休息时间，每天定期挤出 4 个小时的时间进行训练。长期的体育训练锻炼了他吃苦耐劳、持之以恒的品格。

在一次与学长的长谈中，周某石萌生了自主创业的想法。自此，为了积累更多经验，只要是空闲时间，他就在校外的球馆兼职乒乓球教练员。

终于，他把兴趣变成努力，把梦想变成现实。2018 年底，在大学三年级时，他成立了自己的乒乓球俱乐部——杭州创乒体育培训有限公司。他将自己所热爱的乒乓球运动，变成乒乓球培训事业，完成从一个乒乓球运动员到乒乓球运动传播者的华丽转身。所以说，周某石把自己的爱好变成自己的工作是让人羡慕的，但是把自己爱好变成自己的事业就更令人佩服！

二、强国目标，助推市场

体育强国是新时期我国体育工作改革和发展的目标与任务。2019 年 9 月 2 日，国务院办公厅印发《体育强国建设纲要》。《纲要》提出，到 2035 年参加体育锻炼人数达到 45%以上，人均体育场地面积达到 2.5 平方米，《国民体质测定标准》合格率超过 92%。2020 年 9 月 22 日，习近平总书记在教育文化卫生体育领域专家代表座谈会上的讲话提到：体育强国的基础在群众体育。为此，国家颁布了《关于深化体教融合促进青少年健康发展的意见》《进一步促进体育消费的行动计划（2019-2020 年）》等系列文件。

政策持续推动更多的社会资源向我国青少年体育培训行业倾斜，行业将迎来更大发展机遇。2018 年，我国体育培训与教育总产值为 314. 2 亿元，占总行业 1. 6%。2019 年的总产值为 1722 亿，占总行业的 6. 5%。至 2020 年底，我国乒乓球俱乐部的产值已达 381. 3 亿元，同比增长 57. 7%，国内的乒乓球俱乐部门店数已达到 46050 家。中国的乒乓球俱乐部产业潜力十足，未来的发展空间非常巨大。后疫情时代，更多人注重身体素质提升，对体育培训的需求大幅度提升，体育教育培训行业发展将会保持高增长态势。刚性需求+政策红利给体育教育培训行业提供了澎湃的发展动力。

但是我们也要看到，在体育行业体制发展不完善，社会岗位供应不足，供需不平衡的背景下，进行体育培训创业需要极大的勇气。机遇与挑战并存。国家针对大学生自主创业的优惠政策，学校领导、老师在创业初期的答疑解惑，也都为周某石提供了非常大的鼓励和帮助。特别在周某石犹豫是否创业时，良师益友般的辅导员耐心指导，也是他如今成功创业的因素之一。其中，政府对大学生创业税收减免等政策，更是坚定了周某石自主创业的决心。

三、整合优势，找准定位

公司成立后，周某石希望通过自己的努力可以让更多的孩子重视体育锻炼，提高身体素质。他组建团队进行市场调研，共调查了 298 位家长，其中有 236 位家长认为让孩子参与乒乓球培训的主要目的是锻炼身体、培养兴趣爱好。家长的价值诉求是兼顾乒乓球运动技术与运动兴趣。通过大量的市场调查，他发现，想要做大做强，不能一味的走商业路线，一定要找到属于自己球馆的定位，于是他坚定方向，致力于加强球馆的专业性。

通过调研，周某石发现乒乓球培训现下存在的问题：一是团队单一。教学、管理等体系均处于 1. 0~2. 0 时期阶段，即以教练“一带多”的形式教学。二是模式传统。仍受到“占地为王”“三公里”范围和线下获客模式的限制，缺乏互联网思维。三是师资力量良莠不齐。教师流动性大，整体素质水平不高。四是缺乏标准的教学体系和评判标准。课程体系以及运营管理体系缺乏系统化、专业化及统一标准。五是注重技能培训，忽略文化价值对人的培养与塑造。所以，他认识到在培训内容、组织方式、教学质量、文化塑造等各个方面，都还有巨大的升级空间。

因此，他将公司定位为：创乒俱乐部——青少年乒乓运动的培训专家。目标市场：面对中小学生以及幼儿园年龄段的儿童，从孩子的乒乓兴趣培养、乒乓球启蒙到乒乓技能学习，兼顾乒乓球运动技术与运动兴趣。他的主要收入来源于专业乒乓球培训（一对一，一对多教学），常年在训学员100余名，兼营销售乒乓球器材以及周边用品。与校企合作方面，现与学正小学、文海小学、文瀚幼儿园、云水幼儿园等学校进行合作。课程采用线上与线下组合的方式，专家网络课程（普适化教学）+线下专业训练。总体商业模式为线上教学引流，校企合作聚客，线下教学创收。

为提高教学水平，在场地的选择和挑选专业教练员团队方面，他亲力亲为，坚信只有这样才能做到在众多乒乓球培训机构中脱颖而出，得到学员与家长的信任。周某石的公司团队成员，全部拥有运动员证、裁判员证、教练证、考评员证等，并在多个赛事打出好成绩。

创业和乒乓球运动本是完全不同的两件事，但其中又有相似的地方，都会经历艰辛，需要坚持才能成功。他也曾羡慕别人可以去睡觉休息时自己却在训练场又累又乏，期间也曾想过放弃，但最终都坚持下来了，正是这份热爱与坚持造就了现在的周某石。

四、扎实教学，创新方法

提及创业期间印象最深刻的事，就是由于2020年初新冠肺炎疫情的影响。周某石创乒培训团队积极响应政府号召，坚决在家不外出。此时，球馆为了学员们在家也能得到锻炼，便制作了教练员的教学视频供学员们学习，并且坚持每天让学员们拍摄训练视频，线上指导学生训练，保证训练质量，这也是第一次尝试在线上进行体育训练。值得高兴的是，本次线上训练完美结束，学员们也十分刻苦、努力，认真完成教练布置的任务。

此次疫情的线上教学经验为周某石创乒团队打开了优化教学模式的大门。要知道，乒乓球培训的类型主要有以下几种：一是归属于共青团市委领导下的文化教育事业单位，例如青少年宫；二是学校开展的课余乒乓球兴趣培训班；三是由市体育局管辖的竞技体育处，青少年体育处；四是由社会组织或个人筹资举办的乒乓球培训机构。而由于性质的不同，乒乓球培训所采用的教育教学方法也有所不同。但是，目前的乒乓球培训都还以线下教学为主。

周某石的创业愿景是成为青少年乒乓运动的培训专家。所以，他在因材施教、专业负责、授球育人的教育理念指导下，采取线下线上混合式教学，将国球文化宣传与乒乓球技能教学相结合，进行智能化管理培训服务。

为此，周某石完善师资培育，制订教学标准，进行教学内容研发，教学服务系统的开发等，形成专业化、规范化、规模化、可复制性强的青少年乒乓球教学培养模式。

目前，他已完成“玩转乒乓球”系列在线课程的开发，自主研发线上App教学管理系统。此教学服务平台，整合了线上教学内容，模块包括学员追踪管理服务、学员家长对培训课程意见反馈、培训课程教学内容及教学评价等，极大地推进了俱乐部智能化管理，实现乒乓球线上线下混合式教学，打破传统乒乓球教育培训中地域性、课程同质化、教学模式单一等诸多瓶颈，扩大受众面。此 App 服务平台软件已申请并取得计算机软件著作权证书。

五、展望未来，成竹在胸

周某石的创乒俱乐部位于杭州市文海小学南门对面，为国体联乒乓球等级考试指定考点。俱乐部与学正小学、文海小学、文翰幼儿园、云水幼儿园合作开展普适化乒乓球教学和场馆内开展专业化乒乓球教学培训相结合，与浙江某职业技术学院从教学标准的制订、教学内容的研发、师资培育、教学服务系统的开发等开展深入的校企合作。目前有学员 100 余人，年营业额超过百万，多名学员在各级各类中小学生乒乓球比赛中取得优异成绩。目前，场地常年可接纳的学员数量已经趋于饱和，公司计划在未来陆续实现扩张。2021 年已经选址落实开 1 家分店，三年内预计扩展到 3 家以上分店。同时，增加带教团队以应对项目的扩大，师资方面优先录用体育院校毕业、有国家二级运动员证、专业队教练或退役队员。此外，还要优化课程与提高学员黏性，拓宽生源渠道，常年稳定学员实现成倍增长，计划 2023 年球馆学员达到 300+，突破年营收 200 万。

周某石深知创业的艰辛。他有过退怯，也有过困惑，但这些困难在他坚定的创业决心面前显得微不足道。不积跬步无以至千里，不积小流无以成江海。他坚信在创业这条路上只要稳扎稳打，开拓进取，永不止步，涓涓细流终会汇成江海，一定会开拓出属于自己的一方天地。在接下来的日子里，还有很长的路要走，这只是创业的一个起点，绝不是终点。21 岁就开始创业，如今才 24 岁的周某石，在短短三年内就拥有了相当规模的球馆。学员们慕名前来报名学习，这应该就是周某石一贯提倡的认真负责、让孩子出成绩、家长信任才能走的更长远理念的具体体现。

想要成功，首先就必须有足够的恒心、大胆的勇气、不怕困难的决心；其次是必须拥有这方面的足够天分，这样的人才可能成功。对于学弟学妹，周某石同样希望他们能珍惜在学校学习的每一秒钟。因为，在学校的一切都将是他们一生的财富，要在学好专业知识的基础上尽可能地增加自己的课外知识，找到自己的人生目标并且扎实勤奋的不断向前，也许你就会发现适合你的职业，说不定还能发现适合自己的事业。创业，有成功，也有失败。周某石的创业旅程让我们知道如果你想要成功，那一定要找准定位、术业专攻，并且坚定地走下去。

第四节　弘扬传统文化　传承魅力非遗

陈某柠，女，汉族，2003 年出生于福建省厦门市，2019 年开始就读于浙江某职业技术学院文化产业经营与管理专业，2022 年 6 月毕业。在校期间，担任班长、学院外联部部长，获得杭州市“工艺美术大师带徒学艺”木雕传习班优秀学员、浙江省第九届大学生中华经典诵读竞赛三等奖、浙江省大学生艺术节朗诵二等奖、先进个人、优秀班委等荣誉。陈某柠作为负责人的项目“文化‘印记’——全形拓，匠心匠艺逐时光之美”入选学校 2022 年度创新创业重点培育项目。2022 年 3 月，陈某柠注册创办“杭州拓歌文化传播有限公司”并担任法人。

一、木雕世家，立心圆梦

在传统非遗木雕环境和经商家庭成长的陈某柠，对创办公司、做生意一点都不陌生。但也正是因为从小生长在这种环境下，她立志要独立创业。有人说：进了大学，是长大成人的第一步。这句话在她身上得到了验证，从小在父母长辈的庇护下成长，第一次独自一人离开厦门，来到杭州读书，在踏入校园的那一刻起，便利用课余时间认真学习创业相关知识，同时也因为从小在非遗木雕环境下成长，她对非遗技艺有着浓厚的兴趣，对中国传统文化有着深切热爱。机缘巧合下，接触了“拓印”这一传统技艺，并成功以其为起点成立了“杭州拓歌文化传播有限公司”。

二、道阻且长，行则将至

创业之路必定是充满荆棘道阻且长的，但陈某柠却把创业之路看作一场游戏，在打怪、做任务中不断磨炼升级，整个团队也是在玩中成长、在玩中学习。2019 年进入浙江经济职业技术学院起，她就认真学习专业知识，接触非遗相关知识。参与“狮峰茶学院”举办的“核心产区狮牌西湖龙井研学班”并全程跟播；参与“朱炳仁铜”校企合作项目，担任学生负责人；参加杭州市第二轮“工艺美术大师带徒学艺”木雕传习班学习，在大三这年她终于下定决心创立“杭州拓歌文化传播有限公司”。

文化自信成为继道路自信、理论自信和制度自信之后，中国特色社会主义的“第四个自信”。文以化人、文以载道，在国家 2035 文化强国战略的指导下，拓歌紧跟文化强国战略，贯彻在继承中发展，在发展中创新的创业理念。以全形拓这一非物质文化遗产为切入点，秉承“千年传拓，创艺生活”的文化理念，将拓印作为技艺媒介，与艺术结合，将其融入日常生活。主要业务有拓印书画作品、拓印技艺衍生的各类文创产品、拓印 DIY 礼包、DIY 工作室、社会服务（包括第二课堂、社区服务、企业活动）、国际文化传播等等。

一开始公司以拓印书画作品二次创作为主要产品，并在华夏收藏网上进行售卖，虽然前两年在华夏收藏网上积攒了不少粉丝，也通过陶瓷和书画作品赚取了第一桶金，但是拓印书画作品一上线反响并不大，挂了半个月也无人问津。陈某柠和公司团队成员夜以继日地分析摸索，后来发现华夏收藏平台虽然较为专业但是拓印书画作品并不是最受欢迎的门类，且他们的作品既不是名家大作也不是古玩收藏品。经过多方征求意见，陈某柠最终寻求了西泠印社社员闫某海老师和潘某老师的书画作品授权书，并改变方式将拓印作品结合文创，开发产品。

"只有让大众体验到拓印文化才是真正做到了文化传播"，因为潘老师无意间的一句话，陈某柠开启了探寻社会服务的道路。她了解到，从 2020 年起浙江经济职业技术学院文化艺术学院就与下沙云水社区合作开展"四点半课堂"，文管专业学生也发挥专业所长，教授所学的盘纸课程。于是，她开始起草策划书并向社区负责人表达合作意愿，经过一周时间的交流沟通，社区负责人看到了她的诚意也最终被她打动，签订了合作意向书。此次合作结合了双减政策下萌生的 K12 教育，在社区开展拓印课程，让社区的学生和家长都能亲身体会拓印这一传统技艺，真正做到了将发扬传统文化与社会服务相结合。

三、不负热爱，继续前行

目前，拓歌已与杭州梅龙茶文化有限公司达成合作协议，为九曲红梅茶叶设计包装及宣传推广；与亚运人文体验点——梅龙草堂美好生活体验进行基地合作，在该体验点设置独立展台，进行 DIY 体验活动及产品销售；与云水社区及附属小学合作开设第二课堂，为中小学生提供拓印技能学习的平台；同时也积极开展国际文化传播工作，效果显著，受邀参加第 17 届中国文化和旅游交易博览会，设立展台展示公司文化。

之后，拓歌文化传播有限公司又与厦门安力克膜科技有限公司合作，为公司产品设计 logo 及工会活动策划。还与相关木雕产业负责人达成合作，制作工作室拓印模板。取得成就后，她并没有停止前行的脚步，开始在互联网平台上进行运营。目前，已拥有微拍堂、华夏收藏网、抖音、淘宝等平台的运营经验，并获得一定收益，下一步她将会把收入所得捐赠给贫困学子，助力他们度过疫情难关。

在提及是什么让她坚持下来并成功创业时，她说道："我很庆幸我生活在一个有爱的家庭里，无论我做什么决定，父母长辈总是报以支持的态度，并给我莫大的鼓励和帮助。我觉得每个女孩都应该去试着创业一次，这个过程是一场艰难的修行，也是一次奇妙的旅行。没有谁的人生是一帆风顺的，起起伏伏才是常态。得意时不忘初心，失意时不忘记信念，始终保持积极向上的心态，才能不惧人生的风雨。认真过好每一天，踏实走好每一步，才能达到你所向往的未来。"相信她会继续保持有趣有盼，带领团队将中国传统文化发扬光大，不负心中热爱。

第五节　创业之路勤扬帆　矢志不渝追梦人

杨某，2018 年 9 月进入浙江某职业技术学院攻读中小企业创业与经营专业，2021 年毕业。在学院的扶持下，他成功申请实用新型专利并入驻学校创业园区。2021 年 5 月，创立杭州铭显科技有限公司，注册资本 200 万元。企业服务 LED 显示屏的个性化需求，提供设计、配套产品工程、服务的一站式服务，致力于用信息化、智能化、标准化打造行业领军品牌，当年单季度营业额达 42.2 万元。

杨某出生于贵州山区，是少数民族学生，家庭经济困难。也许有过太多生活的磨砺，他对自己努力创造的事业倍感珍惜。他认为，无论做什么，最重要的是能够坦然地乐在其中，通过自己的努力给人们带来更精彩的生活。

和杨某熟识的人总能感受到他身上有一种文人的特质：轻声细语、不疾不徐，做事总是胸有成竹的样子。朋友戏说他缺少商人的诡谲，而他总是认真地说，我不是商人，我是“00 后”的创业青年！

是啊！一位“00 后”创业青年，会有怎样的创业故事呢……

一、创业的种子在校园埋下

2018 年 9 月，杨某考入浙江某职业技术学院梦想创业学院，开始了三年的大学生活。

也许是因为家境贫寒，大一的杨某除了学习外，想的最多的是如何利用课余时间去打工挣钱：一方面可以减轻家庭负担，另一方面可以提前体验社会的酸甜苦辣。与身边的同学朋友们相比，杨某更有危机感，他希望得到的那份工作，除了能够解决生存问题之外，更重要的还是能让他积累经验、拓展人脉，使他能迅速成长为参天大树。从实习的工作中他开始接触到 LED 屏幕安装，于是跟着师傅学起了这门手艺，在商场、监控中心、网红直播基地等场所安装屏幕。他敏锐地发现：LED 产业与智慧城市生态相结合的智慧城市终端逐渐被广泛应用，形成了巨大的市场机遇。而我国 LED 显示屏行业发展起步较晚，早期产品主要以单、双色显示屏为主，呈现出了技能人才缺乏、产品服务不足、供需不接轨等痛点。专业课程的学习让他发现目前市场急需专业从事 LED 显示屏设计、安装、售后一条龙服务的工程商。从此，心中创业的理想方向悄然萌发，但此时的杨某缺乏资金、技术，人脉资源也不丰富，所以一整年他都勤勤恳恳地跟着师傅学习积累，毫不怠慢。

二、从经济困难学生到创业者

谈起大学的经历，杨某感慨万千：“想到的第一个词，是感恩。”从进校开始，学校、学院领导、辅导员、班主任就给予了他很多的关心与帮助。“梦想创业学院的院长和班主任辅导员一起走访了我的家，特意送来家庭经济慰问金，解决了我母亲看病的燃眉之急。”杨某动情地说，“感谢大家的支持，不论学习上、经济上还是精神上，学校、老师、同学都默默地给予我不断前进的动力。”作为一名少数民族学生，杨某还加入了云水社区团工委组织的“石榴红”创业之家，与来自各地的少数民族创业者相互交流分享、共创生涯。大学期间，他还积极参加各种创新创业赛事并获得了不错的成绩。大三时，他成功申请入驻学校的创业园，在班主任与指导老师徐某的带领指导下，他的项目逐步走上了正轨。项目入驻后，杨某开始组建自己的项目团队，通过前期积累的良好合作给他带来了丰富的客源。

三、精益求精是不懈追求

杨某创造的企业能够在一众 LED 显示屏公司中脱颖而出源自他和团队对精益求精的不懈追求。他的公司致力于在三个方面提供优质的客户体验：一是新服务。为客户提供异形屏设计-安装-售后一条龙服务。根据本项目组的安装经历搭建异型屏幕的独家设计库，为用户提供设计灵感。在服务后期，利用显卡实时跟踪屏显效果，完善后续服务。二是高品质。目前，LED 显示屏以直面屏为主，但是在一些特殊场合需要用到弧形屏，弧形屏一般是多个显示屏箱体拼装时，在安装时不易把握拼接角度，且容易发生角度偏移。杨某与团队从安装经历中研发了 PCB 弧形定向安装法，在固定框架纵向或者横向上平行设置开设有卡接通孔的 PCB 板固定条，通过卡扣将 PCB 板固定条和 PCB 板连接，该卡扣的一端卡接在卡接通孔中，该卡扣的另一端与 PCB 板连接，固定框架、PCB 板固定条和 PCB 板均为相同弧形形状，能高效连接弧形显示屏，并解决了角度偏移的问题。三是高效率。公司研发 LED 显示屏小程序平台，把各个品牌材料之间的互相搭配应用算法智能化，以及甲方客户需要在现场进行预留的电路网线高清线等计算智慧化，并且与各个品牌经销商合作，让客户根据现场情况选择安装方式和屏幕尺寸直接进行系统报价，由屏幕安装需求方在平台上解决屏幕安装的全过程，价格更透明，效率更高效，合作更紧密。因此，杨某的年纪虽不大，但是在 LED 的行业中能够以实力打响名气。

创业的路上充满挑战，杨某认为企业的发展离不开政府的支持和母校的支持，良好的政策与环境培育了新时代的大学生自主创业者。作为一名得到帮助的创业者，他心怀感恩，一直希望能有机会反哺母校。于是，他为母校提供就业创业、勤工助学岗位，为有梦想的人提供实战平台。

人生充满不确定，人生的勇气在于披荆斩棘、乘风破浪，作为一名青年科技创业者，要“堪当大任”，更要感恩同行的伙伴。杨某深知创业不易，也感谢志同道合的创业伙伴，无论是合伙人，还是勤工助学的同学，杨某都尽量为他们创造更优厚的待遇。他总是说：“与创业伙伴共同经历人生风雨，才是我们一生的财富。创业需要坚定不移的决心和魄力，也需要创业团队的支持与鼓励。未来，我会带领我们的团队，勇攀高峰，走过更多风景，为实现中国梦贡献自己的一份力量”！

参考文献

［1］成巍，李卉．新时期研究生思想政治教育工作协同机制的研究［J］．教育现代化，2017，4（37）：259-260.

［2］陶晶，张轩．当代思想政治教育学科的理论研究成果探析——评《思想政治教育学前沿》［J］．新闻与写作，2016（5）：117.

［3］高迎春．高校师生情寄“十九大”［J］．中国大学生就业，2017（22）：19-21.

［4］张澍军，孟婷．论思想政治教育的阶段性发展及其深层依据［J］．东北师大学报（哲学社会科学版），2018（4）：1-8.

［5］刘大为，蔡赛凤．中美高校创业教育发展阶段与模式比较研究［J］．杭州电子科技大学学报（社会科学版），2017，13（2）：64-69.

［6］易小兵．增强高校思想政治教育实效性的方法性思考——以统筹为视角［J］．兰州教育学院学报，2011，27（4）：76-78.

［7］徐志远，龙宇．思想政治教育内容：现代思想政治教育学的重要范畴［J］．探索，2010（4）：123-127.

［8］王雅君．浅析大学生创新创业教育的内容、重要性和对策［J］．张家口职业技术学院学报，2016，29（2）：32-34.

［9］覃彩芹．地方本科高校人才培养机制创新的前置思考［J］．湖北工程学院学报，2016，36（1）：72-76.

［10］戚万学．冲突与整合——20 世纪西方道德教育理论［M］．济南：山东教育出版社，1995：199.

［11］John Dewey. Number 4 Theory of valuation，International Encyclopedia of Unified Science volume II.［G］. The University of Chicago，1939（7）.

［12］W D. Lamont，M A. Phil. The value Judgement［J］. Philosophical Library，1942：118.

［13］Schlenker. B. Britt，T. Pennington et al. The Three Dimensional Model Of Responsibility［J］. Psychological Review，1994（40）.

［14］N. Fraser，PA. Honneth. Umverteilungoder Anerkennung Einepolitisch-Philosophische Kontroverse［J］. Frankfurt Pm，Suhrkamp，2003：292.

［15］Janet Edwards，Ken Fogelman. David Fulton. Developing Citizenship In The Curriculum［M］. Publishers Press，1993：23.

［16］Marvin W. Berkowitz. “Integtrating Structure and Content in Moral，” Education，Paper Presented In L. Nucci（Chair），“Developmental Perspective In Approaches to Character Education.” Symposium Collected at the Meeting of Educational Research Association［G］. Chicago，March 1997.

［17］班华．世纪之交论德育现代化建设［J］．现代教育论丛，1997（1）：1-6.

［18］江应中．德育现代化状貌断想［J］．上海高教研究，1998（1）：17-20.

［19］陈建民．关于德育现代化的思考［J］．湖南师范大学教育科学学报，2003（6）：15-19.

［20］陈明银．对高校德育现代化的审视与内涵分析［J］．思想政治教育研究，2006（4）：59-61.

[21] 檀传宝．立德树人实践应有的三大坚守［J］. 人民教育，2013（21）：17-20.
[22] 杨尊伟，杨昌勇．全球视野下德育现代化之审视［J］. 现代教育科学，2010（2）：108-110.
[23] 吴宇，金永东．高校德育工作走向现代化的思考［J］. 思想理论教育导刊，2009（12）：77-80.
[24] 鲁洁．道德教育的根本作为：引导生活的建构［J］. 教育研究，2010，31（6）：3-8.
[25] 冯建军，当代道德教育的人学论域［M］. 福建：福建教育出版社，2015：172-181.
[26] 胡斌武，社会转型时期学校德育的现代化［M］. 北京：中央编译出版社，2006：117-122.
[27] 王双梅．论新时期高校德育现代化发展趋势［J］. 前沿，2003（11）：127-130.
[28] Robinson. Measures of Entrepreneurial Value Creation：An Investigation of the Impact of Strategy and Industry Structure on the Economic Performance of Independent New Ventures［J］. The University of Georgia，Athens，2005：77-83.
[29] Dess Lumpkin. Contingency Entrepreneurial Strategy Making and Firm Performance and Configurational Models［J］. Strategic Management Test of Journal，2007（9）.
[30] Kirzner Perception. Opportunity and Profit［J］. University of Chicago Press，2003：12-56.
[31] Davidsson，Wiklund. Levels of Analysis in Entrepreneurship Research：Grunt Practice and Suggestions for Future［J］. Entrepreneurship Theory and Practice，2001（4）.
[32] Usanitz L，Lowell W. West G. P，et al. Entrepreneurship Research in Emergence：Past Trends and Future Detections［J］. Journal of Management，2003（29）.
[33] Davidsson P. Low，M B. Wright. Ten Years on：Achievements and Future Direct Editor's Introduction：Low And Mac Millan Technology for Entreneurship Research［J］. Entreproneurship Theory and Praetion，2001：101-303.
[34] Cooper Burro. Success Among High Technology Firms［J］. Business Horizons，2003：16-22.
[35] Bennett R，Dann S. The Changing Experience of Australian Female Entrepreneurs［J］. Gender，Work and Organization，2000（2）.
[36] Gibb A. In Pursuit of a New 'Enterprise' and 'Entrepreneurship' Paradigm for Learning：Creative Destruction，New Values，New Ways of Doing Things and New Combinations of Knowledge［J］. International Journal of Management Reviews，2002（3）.
[37] Nabi G，Holden R. Graduate Entrepreneurship：Intentions，Education and Training［J］. Education Training，2008（7）.
[38] Oosterbeek H，Van Praag M. The Impact of Entrepreneurship Education on Entrepreneurship Skills and Motivation［J］. European Economic Review，2010（3）.
[39] 王占仁．"广谱式"创新创业教育的体系架构与理论价值［J］. 教育研究，2015，36（5）：56-63.
[40] 张鹤．高校创新创业教育研究：机制、路径、模式［J］. 国家教育行政学院学报，2014（10）：28-32.
[41] 余昶，王志军．高校创新创业教育模式研究［J］. 学术论坛，2013，36（12）：231-235.
[42] 朱桂香．高校创新创业组织管理模式研究［J］. 统计与管理，2017（11）：189-190.

[43] 肖华．激励理论视域下高校创新创业教育体系探究［J］．教育与职业，2018（22）：70-73.

[44] 何继新，李露露．高校创新创业教育体系框架与科学范式：一个学术和产业双元视角［J］．黑龙江高教研究，2019，37（1）：29-34.

[45] 高志刚，战燕，王刚．论高校创新创业教育课程教学体系构建［J］．黑龙江高教研究，2016（3）：93-95.

[46] 薛慧．关于高校创新创业教育体系构建的思考［J］．江苏高教，2014（3）：65-66.

[47] 梅伟惠，孟莹．中国高校创新创业教育：政府、高校和社会的角色定位与行动策略［J］．高等教育研究，2016，37（8）：9-15.

[48] 艾军，邹金成，邹婷媛．行业特色高校创新创业教育的思考与探索［J］．中国大学教学，2014（10）：45-47.

[49] 林致远．高校创业教育的思想政治教育价值及其实现路径研究［J］．思想理论教育导刊，2015（12）：115-117.

[50] 王占仁．创新创业教育与思想政治教育的关系论析［J］．深圳大学学报（人文社会科学版），2018，35（1）：111-115.

[51] 秦蔚蔚．高校思想政治教育与创新创业教育关系研究［J］．创新创业理论研究与实践，2019，2（1）：6-8.

[52] 宋妍．高校创新创业教育与思想政治教育关系研究［D］．东北师范大学，2017.

[53] 徐小洲．转型升级期高校创新创业教育生态系统建构策略［J］．教育发展研究，2019，(39)：102-108.

[54] 张晶，李鑫龙，胥友鹏．大学生创新创业教育模式改革的思考［J］．福建电脑，2019，35（5）：147-149.

[55] 侯德伟．高校开展大学生创业教育的协同机制探析［J］．学校党建与思想教育，2016（2）：72-73.

[56] 刘同舫．思想政治理论课教学亟须解决的五个问题［J］．思想理论教育导刊，2019（7）：88-93.

[57] 钱群雷，刘东风．试论高校校企合作背景下大思政教育模式的构建——以南京信息职业技术学院为例［J］．学校党建与思想教育，2014（4）：63-64.

[58] 李乐霞．新常态下高职院校创新创业教育与思想政治教育融合研究［J］．教育与职业，2019（6）：68-73.

[59] 经姗姗．高校创新创业教育与思想政治教育协同育人的研究［J］．教育现代化，2019，6（A1）：159-161.

[60] 高琳璐．浅谈创新创业教育与大学生思想政治教育的有机融合和协同发展［J］．课程教育研究，2018（41）：77-78.

[61] 林锦莲，许建特，陈晓，朱德新．高职院校创新创业教育与思想政治教育的协同发展研究［J］．智库时代，2019（49）：76-77.

[62] 王侗，范雨超，汪漾，张龙．基于创业教育的高校思想政治教育创新研究［J］．淮南职业技术学院学报，2017，17（4）：27-28.

[63] 万芷吟．高校思政教育促进大学生创新创业教育的路径［J］．科教导刊，2021（10）：

79-81.
[64] 宋妍，王占仁．高校创新创业教育与思想政治教育关系研究的意义与现状［J］．黑龙江高教研究，2016（8）：100-103.
[65] 裴英竹．大学生核心素养培养及评价体系研究——以教育学为例［J］．高教学刊，2021，7（12）：167-172.
[66] 张向前．试析创业教育对增强大学生思想政治教育实效性的作用［J］．学校党建与思想教育，2015（8）：42-44.
[67] 赵盈，李睿．研究生思想政治教育协同机制探究［J］．思想理论教育，2021（7）：103-107.
[68] 李宏岳．当代大学生创业精神培养研究［J］．人力资源管理，2016（11）：218-219.
[69] 刘玉威．大学生思想政治教育与创新创业教育融合发展的逻辑与路径［J］．北京教育（德育），2018（2）：34-39.
[70] 王学俭，王瑞芳．大数据时代高校思想政治教育的创新发展［J］．思想政治教育研究，2016，32（3）：105-110.
[71] 袁小平．高校思想政治教育与创新创业教育的协同育人模式研究［J］．教育评论，2014（6）：100-102.
[72] 张项民，创业教育与专业教育耦合研究［M］．杭州：科学出版社，2016：88-102.
[73] 姚晶晶．创新创业背景下大学生思想政治教育研究［J］．经济研究导刊，2018（31）：175-176.
[74] 徐春明，杨楠，王璨．“双创”背景下高校大学生思想政治教育创新研究［J］．山西青年，2018（23）：12-13.
[75] 冯研．“大众创业，万众创新”背景下的高校思想政治教育研究［J］．文化创新比较研究，2019，3（17）：3-4.
[76] 马梦丹．“双创”背景下学生思想政治教育工作研究［J］．中国多媒体与网络教学学报（上旬刊），2019（9）：132-133.
[77] 李新仓，许庆．“双创”背景下高校思想政治教育创新路径［J］．黑龙江教育（高教研究与评估），2020（3）：85-86.
[78] 陆寿娣．“双创”背景下思想政治教育改革［J］．中学政治教学参考，2020（1）：84.
[79] 和薛．“双创”背景下思想政治教育实效性研究［J］．产业与科技论坛，2019，18（14）：163-164.
[80] 马水东．思想政治教育背景下大学生“双创”教育模式探究［J］．现代职业教育，2019（10）：148-149.
[81] 潘玉昆．“双创”背景下大学生思想政治教育的再认识［J］．祖国，2018（18）：194-195.
[82] 刘冬雪，张君．创新创业背景下高校思想政治教育［J］．沈阳工业大学学报（社会科学版），2017，10（3）：197-200.
[83] 张露颖，张明伟，王莺．职业教育创新创业教育评价体系研究［J］．教育与职业，2021（8）：96-99.
[84] 郭占元．基于成果导向下的创业教育评价体系的研究［J］．中国大学生就业，2021

(6)：53-58.
［85］崔丽丽，许彦伟．基于教育生态理论的高职创新创业教育共同体构建研究［J］．黑龙江教师发展学院学报，2021，40（3）：66-68.
［86］徐小洲，梅伟惠，韩冠爽．论我国高校创业教育高质量发展的十大关系［J］．高等工程教育研究，2021（1）：155-161.
［87］朱利．高校创新创业教育理论基础研究——评《新形势下高校创新创业教育》［J］．中国测试，2020，46（12）：173.
［88］叶菁婧．关于高职院校创新创业人才培养模式分析［J］．江西电力职业技术学院学报，2020，33（11）：84-85.
［89］安美忱．高校创新创业教育"立体化"新模式研究［J］．黑龙江高教研究，2020，38（10）：108-113.
［90］刘静．基于茶文化教育理论的高校创新创业人才培养研究［J］．福建茶叶，2020，42（7）：320-321.
［91］刘阿娜．高校辅导员在创新创业教育中的定位与能力提升［J］．现代交际，2020（13）：18-19.
［92］李珍．高校创新创业教育理论基础研究——评《新形势下高校创新创业教育》［J］．中国高校科技，2020（5）：103.
［93］《国务院办公厅关于做好 2014 年全国普通高等学校毕业生就业创业工作的通知》（国办发〔2014〕22 号）中华人民共和国中央人民政府［EB］．http：//www. gov. cn/zhengce/content/2014-05/13/content_8802. htm.
［94］《人力资源和社会保障部关于实施大学生创业引领计划的通知 》（人社部发〔2010〕31 号）中华人民共和国人力资源和社会保障部［EB］．http：//www. mohrss. gov. cn/SYrlzyhshbzb/jiuye/zcwj/gaoxiaobiyesheng/201005/t20100505_86362. html.
［95］《人力资源社会保障部、国家发展改革委员会、教育部等九部门关于实施大学生创业引领计划的通知》（人社部发〔2014〕38 号）中华人民共和国人力资源和社会保障部．［EB］．http：//www. mohrss. gov. cn/xxgk2020/fdzdgknr/qt/201408/t20140812_138197. html.
［96］《教育部关于大力推进高等学校创新创业教育和大学生自主创业工作的意见》（教办〔2010〕3 号）中华人民共和国教育部［EB］．http：//www. moe. gov. cn/srcsite/A08/s5672/201005/t20100513_120174. html.
［97］《国务院办公厅关于深化高等学校创新创业教育改革的实施意见》（国办发〔2015〕36 号）中华人民共和国中央人民政府［EB］．http：//www. gov. cn/zhengce/content/2015-05/13/content_9740. htm.
［98］尤昊越、郭艺伟．"双创时代"下大学生创业的法律风险及防范体系分析［J］．学术论坛，2020（3）：227.
［99］潘昱宏．就业创业视角下提升高职学生的法律素养［J］．教育论坛，2018（4）：285.
［100］温雷雷．教育生态学视域下高职院校思政教育与创业教育生态协同育人研究［J］．教育与职业．2022（10）：109-112.
［101］王占仁．创新创业教育与思想政治教育的关系论析［J］．深圳大学学报（人文社会科学版），2018，35（1）：111-115.

[102] 习近平. 在十八届中央政治局第九次集体学习时的讲话（2013年9月30日）（N）. 人民日报，2013年10月2日第1版.
[103] 习近平. 在知识分子、劳动模范、青年代表座谈会上的讲话（N）. 人民日报，2016-4-30（002）.
[104] 李亚员，李畅，牛亚飞. 高校创新创业教育生态系统建设的中国特色探析［J］. 思想教育研究，2021（4）：129-134.
[105] 习近平. 思政课是落实立德树人根本任务的关键课程［J］. 求是，2020，（17）：4-16.
[106] 黄兆信，王志强. 高校创业教育生态系统构建路径研究［J］. 教育研究，2017，38（4）：37-42.
[107] 吴林富. 教育生态管理［M］. 天津：天津教育出版社，2006：42.
[108] 卓泽林，赵中建. 高水平大学创新创业教育生态系统建设及启示［J］. 教育发展研究，2016，36（3）：64-71.
[109] 李家华，卢旭东. 把创新创业教育融入高校人才培养体系［J］. 中国高等教育，2010（12）：9-11.
[110] 严毛新，徐蕾，何扬飞，姚垚. 高校创业文化的内涵、价值及培育路径［J］. 中国高教研究，2019（3）：61-65.
[111] 温雷雷. 关于高校创新创业教育融入思政课程耦合机制的思考［J］. 教育与职业. 2021（24）：53-57.
[112] 黄蓉生，杨挺. 高校思想政治教育课程教材与师资队伍政策30年发展论略［J］. 高等教育研究，2014，35（4）：72-78.
[113] 匡促联，李明. 论思想政治理论课教师的角色自律［J］. 思想政治课研究，2020（4）：63-67.
[114] 罗浩. 大学生创新创业教育融合发展新策略——评《双创时代大学生创新创业教育的融合发展研究》［J］. 中国高校科技，2020（9）：97.
[115] 唐德海，李枭鹰，郭新伟. “课程思政”三问：本质、界域和实践［J］. 现代教育管理，2020（10）：52-58.
[116] 温雷雷. “双创”背景下大学生公益创业社会支持体系研究. 教育与职业. 2021（8）：100-103.
[117] 王国鹏，王春. 促进“双创型”职业教育发展的财政政策研究［J］. 宏观经济研究，2020（8）：146-155.
[118] 张迪. 文化自觉视域下高校思想政治教育实效研究［J］. 中国青年政治学院学报，2014，33（1）：118-122.
[119] 郑晓娜，翟文豹. 高校构建“三全育人”协同机制研究［J］. 现代教育管理，2020（10）：59-63.
[120] 唐亚阳. 公益创业学概论［M］. 长沙：湖南大学出版社. 2009.
[121] 潘加军，刘焕明. 基于公益创业实践基础上的大学生就业推进模式探讨——对15省80个高校学生社团和部分社会组织的实证分析［J］. 湖南科技大学学报（社会科学版），2012，15（2）：174-177.
[122] 王长恒. 高校公益创业教育中的思想政治教育过程研究［J］. 创新与创业教育，2011，

2（5）：27-30.

［123］胡馨．什么是“Social Entrepreneurship”（公益创业）［J］．经济社会体制比较，2006（2）：23-27.

［124］赵鹏飞，汪忠，栾巍，等．公益创业：一种创新的社会实践模式［J］．金融经济，2009（20）：116-118.

词　汇　表

（按首字汉语拼音字母顺序排列）

A

案例　案例教学

B

背景调查　辩证思维能力

C

创新创业　创新创业教育　创新创业教育研究　创新精神　创新思维　创新性　创业法律风险　创业法律素养　创业教育　创业教育平台　创业教育生态　创业教育生态系统　创业教育素质　创业教育宣传　创业教育指导　创业社团　创业指导

D

大思政模式　大学生公益创业　大众创业万众创新　道德品质　德育教育　德育现代化　德治　底线思维　顶层设计

F

发展环境　发展阶段　法规政策　法治　复合型师资队伍

G

高等教育综合改革　个性化发展　公益创业　公正

J

教学机制　教学理念　教学内容　教学实践　教育改革　教育教学团队　教育课程　教育模式　教育生态学　教育体系　教育子系统　竞争机制　敬业

K

科际整合　可行性研究

L

立德树人

Q

企业法律风险防范　企业人力资本

R

人力资本理论　认识教育

S

商业创业　社会大系统　社会舆论　社会支持体系　社会主义核心价值观　生态平衡　生态系统理论　生态系统理论　生态因子　师徒帮带制　时代担当　实践教育　实践性　实现途径　实效性　适应性　双创　双创教育　思想教育生态系统　思想政治教育　思政教育　思政课程

T

探索性　体系构建　团队经验

W

网络教学

X

系统论　相合性　相通性　校企合作机制　校园创业文化建设　校园文化　协同教育机制　协同育人　新型融合教育生态系统　学徒制

Y

要素论　引导式教学

Z

整体主义　政策　政治价值观　主流意识形态　主体论　专业教育　资本理论　自由　综合性教育　综合性人才